早稲田アカデミー 中学受験を決めたその日から

サクセス12

今月号の表紙

ージ

s.waseda-ac.net/

CONTENTS

ココロとカラダの特集

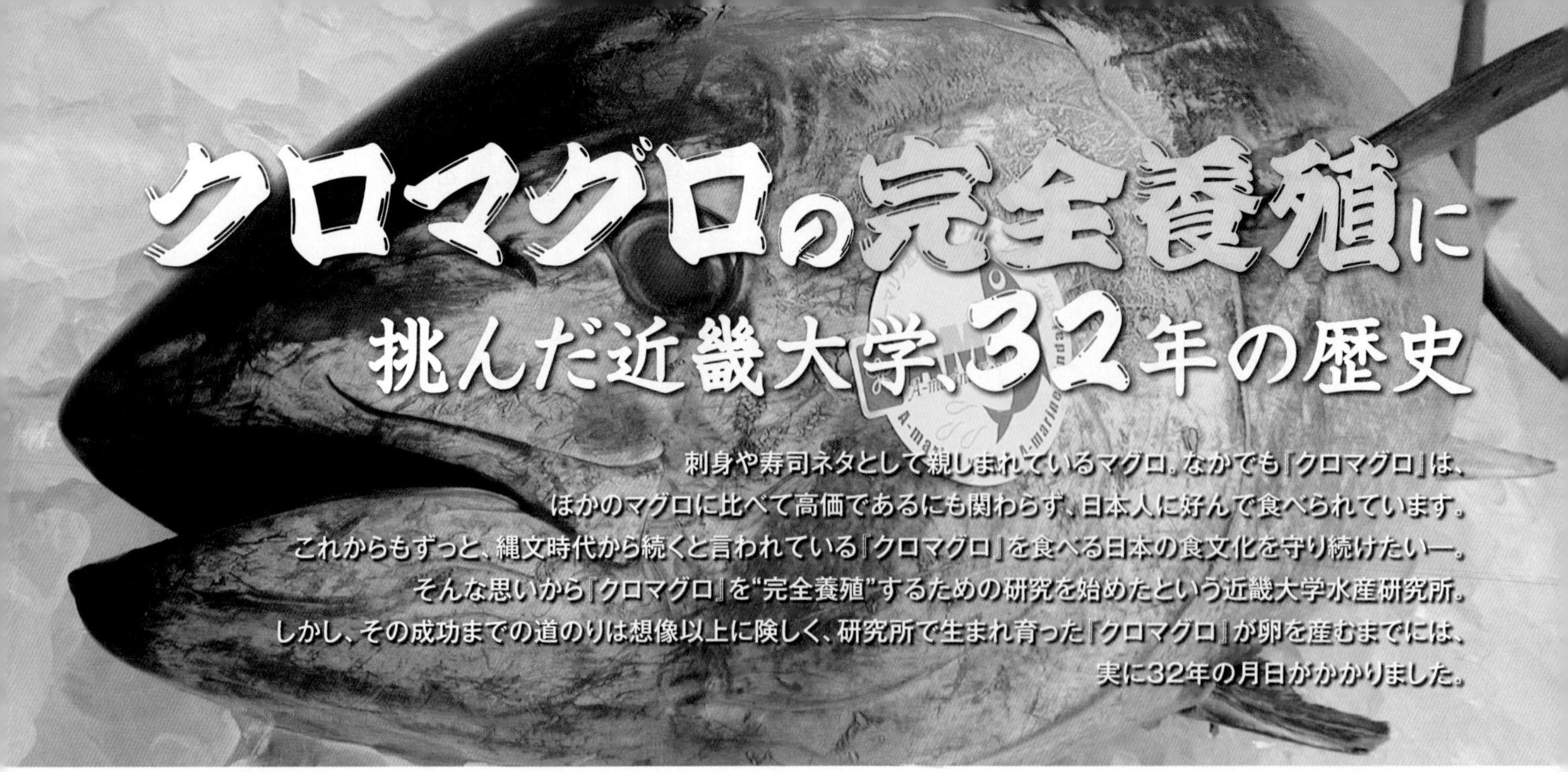

クロマグロの完全養殖に挑んだ近畿大学32年の歴史

刺身や寿司ネタとして親しまれているマグロ。なかでも『クロマグロ』は、ほかのマグロに比べて高価であるにも関わらず、日本人に好んで食べられています。これからもずっと、縄文時代から続くと言われている『クロマグロ』を食べる日本の食文化を守り続けたい―。そんな思いから『クロマグロ』を"完全養殖"するための研究を始めたという近畿大学水産研究所。しかし、その成功までの道のりは想像以上に険しく、研究所で生まれ育った『クロマグロ』が卵を産むまでには、実に32年の月日がかかりました。

『クロマグロ』の大半は日本が漁獲!?

世界にマグロと呼ばれる魚は、『クロマグロ』『ミナミマグロ（インドマグロ）』『キハダ』『メバチ』『ビンナガ』『コシナガ』の6種類がいます。ただし『クロマグロ』を、日本近海を含む北太平洋に分布している〝太平洋クロマグロ〟と、地中海から北大西洋に分布する〝大西洋クロマグロ〟に分けて7種類と数えることもあります。

6種類のマグロのうち日本で刺身や寿司ネタとして食べられているのは、『クロマグロ』『ミナミマグロ』『キハダ』『メバチ』『ビンナガ』の5種類です。この5種類それぞれの漁獲量がマグロ全体のそれに占める割合は、各国で漁獲された総計（以下　世界中）と日本とではかなり異なるようです。たとえば、最も漁獲量が多い『キハダ』に関しては、2011年、世界中においては約65%でしたが、日本では約35%しかありませんでした。しかし、『クロマグロ』の割合は、世界中が約1.8%だったのに対し、日本は約9.7%もありました。特に〝太平洋クロマグロ〟は、世界中で獲られている約2.1万トンのうち、約1.8万トンを日本が獲っています。

また、水産庁の発表によると、2011年、日本に供給された『クロマグロ』の総計は約4・08万トンで、そのうち、日本が自国で漁獲した〝太平洋クロマグロ〟と〝大西洋クロマグロ〟が約1・65万トン、世界中から輸入した量が約1・53万トンでした。輸入量には養殖の『クロマグロ』も含まれているので単純には計算はできませんが、「世界中で水揚げされたクロマグロの約90%が日本で消費されている」と言われているのも納得ができます。

我が国へのクロマグロの供給量（2011年）

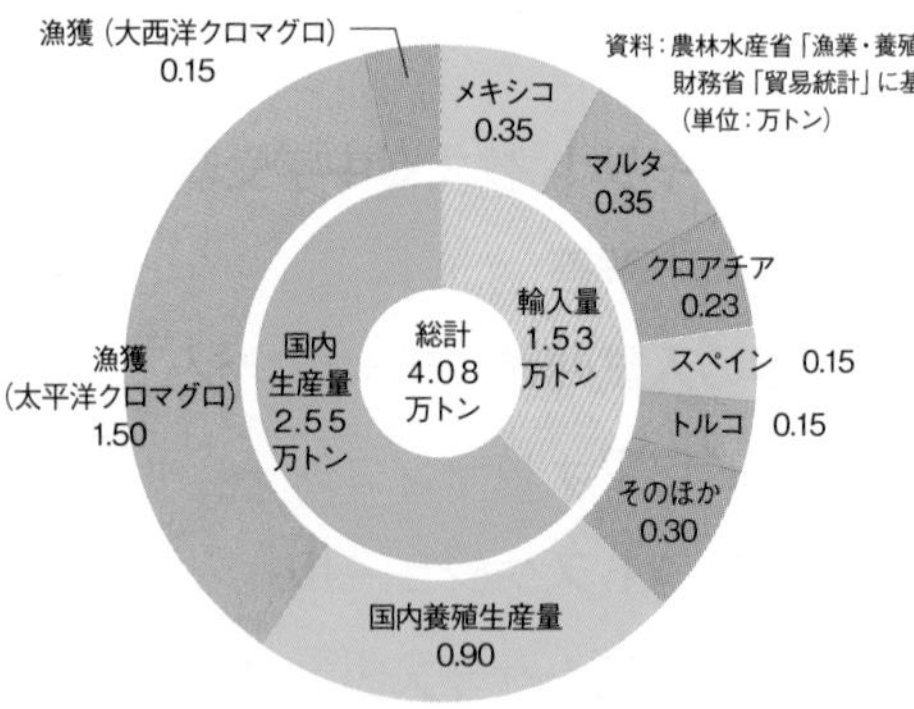

資料：農林水産省「漁業・養殖生産統計」、財務省「貿易統計」に基づく推計
（単位：万トン）

魚種別マグロ類の漁獲量（2011年）

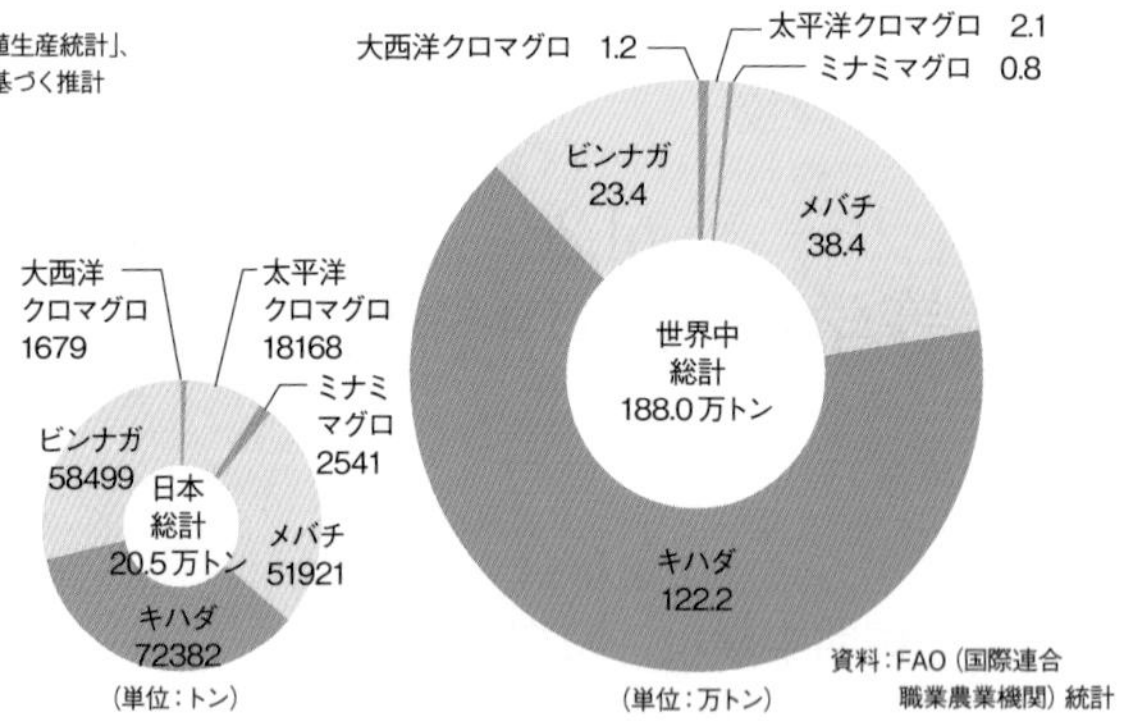

資料：FAO（国際連合職業農業機関）統計

天然の『クロマグロ』が食べられなくなるかも!?

2014年7月1日、水産庁は「〝太平洋クロマグロ〟の資源保護策として、全国での未成魚（3歳以下）の漁獲上限を2015年以降は年間4007トンに設定する」と発表しました。ちなみにこの量は、2002年から2004年の平均値の半分に相当します。

「『クロマグロ』を絶滅させないために未成魚は獲らない」、これは当然のことです。しかし、これまで日本が獲ってきた『クロマグロ』の大半は、3歳以下の未成魚なのです。つまり来年からは、どんなに未成魚が豊漁だったとしても、卵を産むまでに成長した全長1m以上、体重50kg以上の『クロマグロ』でない限り、4007トンを超えた分に関しては、海に戻さなければならないということです。

さらに、これまで日本で行われていた養殖は、捕獲した未成魚を大きく育てるという方法が主流でした。ということは、漁獲量がこれ以上制限されれば、天然の『クロマグロ』だけでなく、養殖した『クロマグロ』も食べられなくなってしまうかもしれない…。そんな日本の食文化の危機を救う手段として期待されているのが、近畿大学水産研究所の〝完全養殖〟なのです。

【近大マグロ】の完全養殖サイクル

近畿大学水産研究所で行われている〝完全養殖〟とは、いけすの中の『クロマグロ』に卵を生ませ、その卵をふ化させて『クロマグロ』を育て、また次の世代を生み出すことを言います。一方、主に海外で行われている天然の未成魚や成魚を捕獲し、いけすの中で太らせて出荷するやり方は〝養畜〟と呼ばれているものです。

受精卵

水面に浮上した直径約1mmの受精卵を採集。1尾の雌から数百万粒の卵が採れると推定。

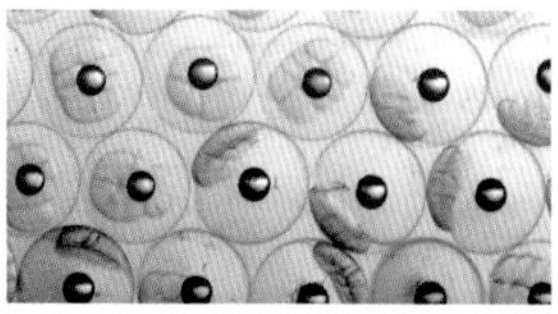

人工ふ化仔魚《しぎょ》

およそ32時間でふ化。ふ化直後の仔魚は全長約2～3mmで、プランクトンをエサに育てる。

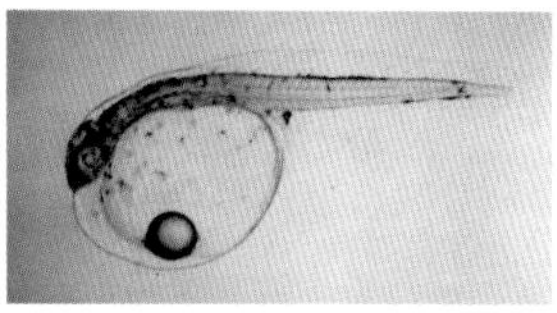

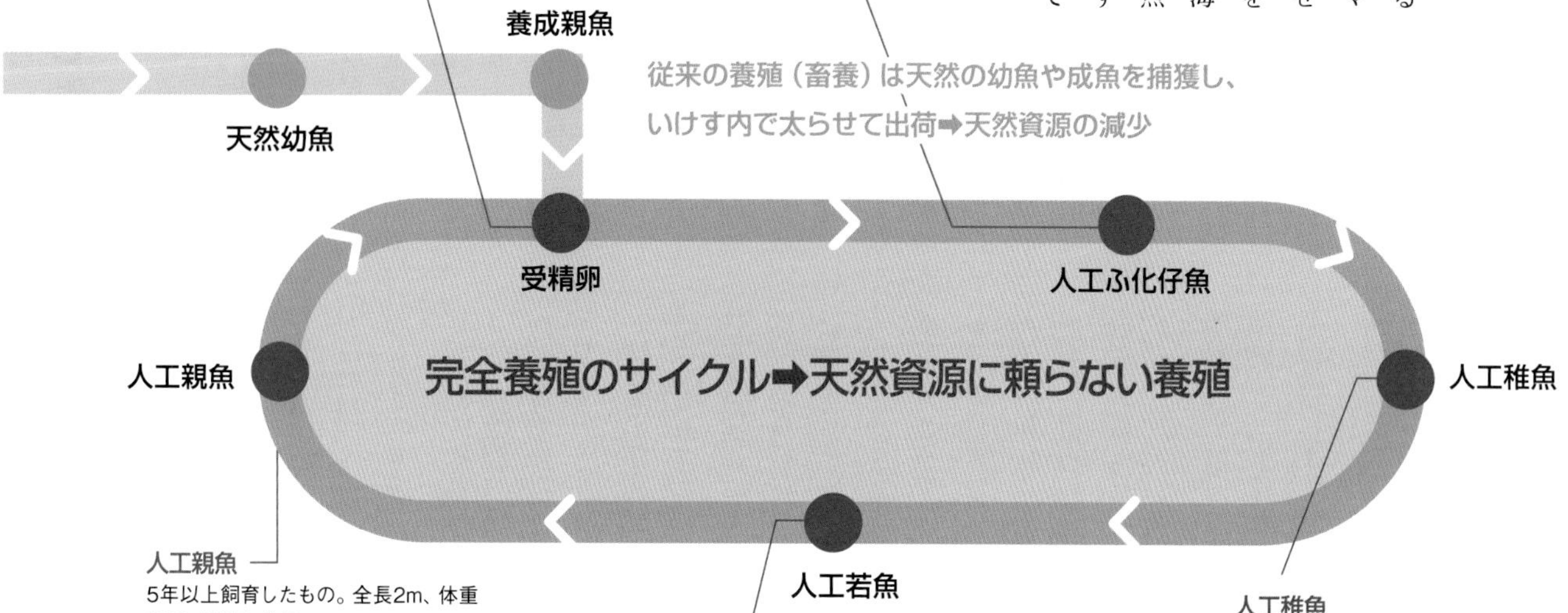

人工親魚

5年以上飼育したもの。全長2m、体重200kg以上に成長。

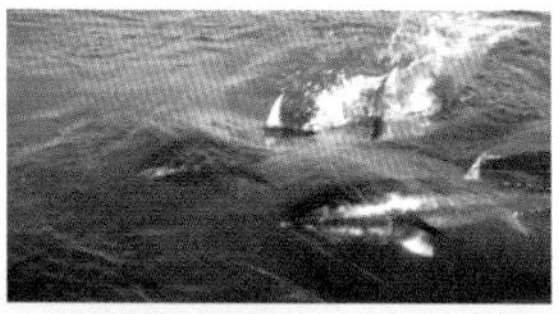

人工若魚

ふ化から約3ヵ月で全長約30cm、体重約300gに成長。

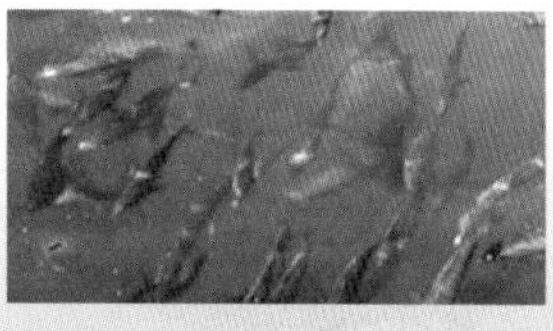

人工稚魚

ふ化からおよそ30日で稚魚になる。この頃、陸上水槽から海上の網いけすに移動。

人工成魚

全長1m、体重30kg以上に成長した3歳以上のものを【近大マグロ】として出荷。一部は親魚として継続飼育。

【近大マグロ】の歴史

- 1970　水産庁の委託を受け、マグロ養殖の研究を開始
- 1979　世界初クロマグロの人工ふ化、仔魚飼育に成功
- 1995　人工ふ化クロマグロを世界初放流
- 2002　クロマグロの完全養殖に成功
- 2004　完全養殖クロマグロを初出荷
- 2007　人工ふ化クロマグロの第3世代誕生

一生泳ぎ続ける『クロマグロ』

『クロマグロ』とは、マグロ類のなかでも最大の魚種で、大きいものでは全長3m、体重500kgまで成長します。また、泳ぐスピードも魚類のなかではトップクラスの時速60km（通常時の速度）で、最高速度は時速160kmとも言われています。

そして、『クロマグロ』の一番の特徴は、一生泳ぎ続けるということです。これは、マグロの仲間に共通する特徴でもありますが、マグロは普通の魚のように鰓蓋《えらぶた》を動かして水を取り込めないため、口を開けて泳ぐことで新鮮な海水をエラに送り、呼吸をするからです。『クロマグロ』の平均寿命は20年から30年。20年間生きたと仮定すると、一生で泳ぐ距離は60km×24h×365日×20年＝1051.2万km。地球1周を4万kmとすると、約２６３周することになります。ただし、『クロマグロ』も寝ているときは時速20～30kmまで泳ぐスピードが落ちるため、実際にはどれくらいの距離を泳いでいるかはわかっていません。

不可能を可能にした近畿大学のＤＮＡ（遺伝子）

――クロマグロの完全養殖の研究をスタートさせたきっかけを教えてください。

きっかけは、水産庁のプロジェクト研究「マグロ類養殖技術開発試験」への参加でした。このプロジェクトには、私たち近畿大学のほか7つの機関が参加し、それぞれが１９７０年からの3年間、研究に取り組みました。しかし、いずれの機関も養殖技術を確立させるどころか、天然の幼魚（ヨコワ）を1年以上飼育することすらできませんでした。このような国家プロジェクトの場合、研究資金が補助されるのは事前に決められた期間内だけです。当然ながら、成果の見えない研究に追加予算がつくはずもなく、プロジェクト終了と同時に他の機関は撤退せざるを得なくなりました。しかし、私たちは研究を続けました。というのも、近畿大学水産研究所では、たとえその研究に成果が見られなくても、必要な研究費を他の事業で補うことができたからです。

これには理由があります。昭和23年に水産研究所（当時 臨海研究所）を開設した初代総長の世耕弘一は、日本の食量基盤を確保するため、つまり、養殖技術を確立することを目的に、この研究所を開設しました。

そのため、クロマグロの養殖技術を確立させることは、近畿大学水産研究所のＤＮＡを受け継ぐ私たちの使命だと捉えていました。だから、プロジェクトが終了したからといって、研究を途中で断念することなど考えもしませんでした。

――具体的にどのような研究を行ったのか、教えていただけますか？

当時、クロマグロについてわかっていたことは、太平洋を回遊するコースと産卵場所だけでした。そこで、私たちは夏季になると日本列島沿岸に来るヨコワを生きたまま捕獲し、親魚になるまで育てて産卵させようと考えました。

しかし、その第一歩である「ヨコワを捕獲する」ところから、私たちは苦戦を強いられてしまいました。というのも、ヨコワはとてもデリケートなため、手で触れるだけでも皮膚に傷がついて死んでしまうのです。それでも私たちは、漁師の方々からのアドバイスのもと、直接手で触れずにヨコワを「いけす」に入れることに成功しました。

ヨコワを針から外すためのバケツ

ところがその努力もむなしく、2年連続してヨコワは全滅してしまいました。「3年目こそ！」と「いけす」の改良などを試みましたが、やはり全滅してしまいました。それでもあきらめなかったのが良かったのでしょう。研究を開始してから4年目の１９７４年、とうとうヨコワを1年以上飼育することに成功したのです。そして、それから5年後の１９７９年6月20日、私たちはついに世界で初めて養殖クロマグロが「いけす」の中で自然産卵する姿を目にすることができました。

その後、採取した受精卵をふ化させることは、すでに他の魚で経験済みだったので、さほど難しくはありませんでした。ところが7日目を過ぎると、ふ化仔魚が死にはじめ、47日目には全滅してしまったのです。さらに、１９８０年と１９８２年に自然産卵によって生まれた仔魚も全滅…。最長飼育はわずか57日、全長10㎝が私たちの記録になりました。

追い打ちをかけるように、それから11年間、養殖クロマグロは卵を産みませんでした。もちろん、１９７４年以降も天然のヨコワを捕獲・飼育していたので、卵を産んでもおかしくない成魚は何尾もいました。条件が悪いのかと思い、「いけす」の場所を移動させ、栄養のあるエサを与えるなど、思いつくことは試しましたが、どうしても卵を産んでくれませんでした。さすがにあのときは心が折れそうになりましたが、幸いにも資金面だけは別の魚の稚魚を生産・販売することによって工面できていたので、研究は続けられました。

――養殖クロマグロが卵を産んでから２００２年に〝完全養殖〟を成し遂げるまでの期間、どんな壁がありましたか？

11年間の空白のときを経て、再び養殖クロマグロが自然産卵したのは、１９９４年のことでした。全長2メートルほどに育った7歳のクロマグロの群れから受精卵を採取することができたのです。

早速、受精卵をふ化水そうに入れ、ふ化仔魚の飼育に挑んだものの、12年前と同様に次々と死んでいきました。ようやく生んでくれた卵を全滅させてはいけないと、私たちは原因の究明を急ぎました。すると、ふ化してから4日目までは水面に衝突することで、3〜7日目には夜間に静止することで体が沈み、水そうの底面に接触して死んでしまうことがわかりました。この浮上死と沈降死を防ぐための対策を講じたところ、ようやく全滅を免れることができたのです。しかし、安心したのも束の間、ふ化後10日目ころから共食いが始まりました。慌てて６０００尾の稚魚を大きさごとに仕分けし、何とか乗り越えました。

そして、5㎝ほどまでに成長した１８７２尾の稚魚を海面の「いけす」に移す、いわゆる「沖出し」の日がやってきました。研究を開始してから20年目の快挙を、研究員のだれもが心から喜びました。しかし、またもや悲劇が…。翌朝、「いけす」を見てみると大量の稚魚が死んでいたのです。その後も稚魚が死んでいくのを止めることができず、

1ヶ月後には、わずか43尾しか生き残っていませんでした。

——何が原因だったのですか?

死因が衝突死であることはレントゲン写真からわかっていました。「なぜ、壁に衝突するんだろう」と悩んでいたある日、稚魚が光に対してパニックを起こし、壁に衝突する姿を偶然目撃しました。早速、「いけす」を観察すると、昼間は問題ありませんでしたが、夜になると海岸沿いの県道を走る車のヘッドライトの光が「いけす」に。原因がわかってからは、刺激を減らす工夫を施しましたが、ふ化後246日目、全長42cmまで育っていた最後の1尾も死んでしまいました。

翌年からは「いけす」のサイズや形状を1年ごとに変えていきました。すると、1994年には1か月後生存率が2.3%、2年後生存尾数が0尾だったのが、1998年には1か月後生存率が55・7%、「沖出し」した9295尾のうち400尾がふ化2年後まで生存したのです。

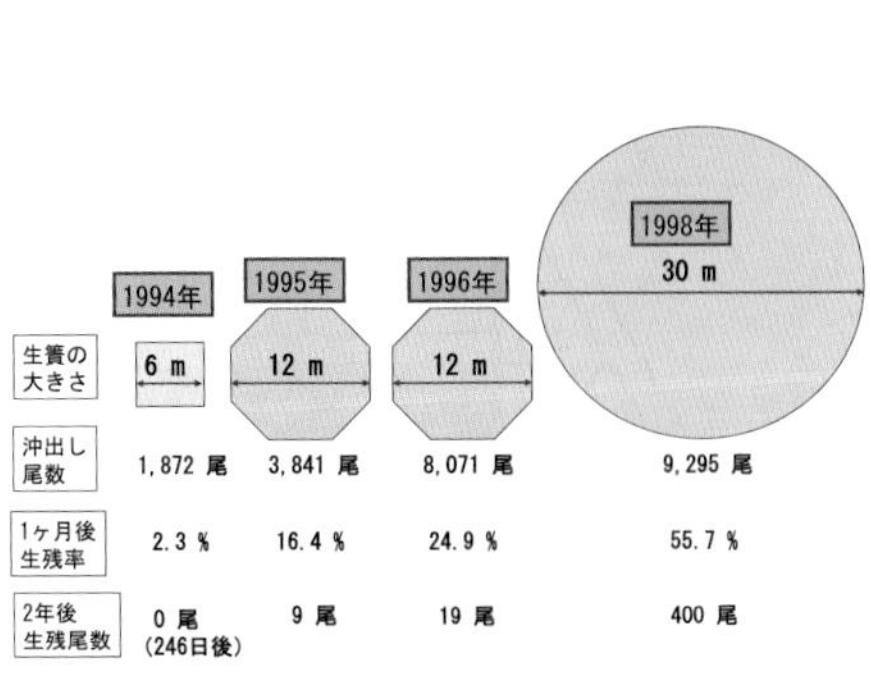

人工孵化クロマグロの年度別中間育成結果(沖出し後)

ちなみに、その後の研究により、クロマグロの稚魚は他の魚の稚魚に比べて泳ぐスピードが数倍速く、しかも他の魚は尾びれ、胸びれ、腹びれがバランス良く成長するのに対し、クロマグロはスピードに関係する尾びれの成長が突出して早く、ブレーキやハンドルの役目をする胸びれ、腹びれの成長が遅いことがわかりました。

——〝完全養殖〟が成功したときの感想を教えてください。

2002年6月23日、私たちは、1995年生まれの6尾と1996年生まれの14尾、計20尾の群れが産卵したのを確認しました。研究所で生まれ育った第1世代が第2世代を生んだ—。これこそが、32年もの長い間、追い求めてきた〝世界初のマグロの完全養殖〟が成功した瞬間でした。あのときのうれしさは今でも忘れられません。

そして、この年に採取した受精卵から育てた〝完全養殖クロマグロ〟は、2004年8月末、世界初の〝完全養殖クロマグロ〟、【近大マグロ】として出荷することができました。

とはいっても、現時点で卵が成魚まで育つ確率はわずか1%。当初が0・0016%だったことからすれば劇的な進歩ですが、まだまだ改善が必要です。

——〝完全養殖クロマグロ〟の良さを教えてください。

ひとつ目は安定した味が提供できることです。これは、天然クロマグロのメスの場合、夏に沖縄近海で産卵し、その後、黒潮に乗って北上するなかで肉質が向上していくのに対し、〝完全養殖〟ならば与えるエサで調整ができるからです。

ふたつ目は天然クロマグロに勝るとも劣らない品質のものを安く提供できることです。ちなみに、その価格は流通業者によって異なりますが、高値の天然クロマグロのおよそ半値のようです。

そして、3つ目が安全・安心の確保です。現在、出荷している【近大マグロ】には、「卒業証書」を貼り付けていますが、そこにある二次元バーコードからインターネットに接続すれば、「生産者」「親魚履歴」「稚魚飼育履歴」「養殖履歴」などを確認することができます。このようなシステムを消費者の方が利用できるのも、【近大マグロ】ならではのメリットでしょう。

——これからの目標をお聞かせください。

今後、【近大マグロ】を安定供給するためには、量産化は絶対に必要です。しかし現在、その生存率の低さから、私たちが稚魚として出荷できるのは1年間で3、4万尾が限界です。

そこで近畿大学は、将来的な量産化を視野にいれ、まずは2010年7月、豊田通商とクロマグロの完全養殖事業における技術協力提携を結びました。これにより、豊田通商は私たちが販売したクロマグロの稚魚を体長30cmほどの幼魚まで育てる養殖業に携わることになりました。そして、2014年7月、近畿大学と豊田通商は、技術協力の幅を拡大する契約を結びました。その結果、私たちが派遣したスタッフのもと、豊田通商は〝完全養殖クロマグロ〟の受精卵をふ化させ、5cmの稚魚にまで育てる事業にも参入することに。これがうまく実現すれば、2020年には〝完全養殖マグロ〟が年間30万尾誕生する予定です。

日本人が減らしてしまった天然クロマグロを復活させるために、私たちの手で稚魚を海に放流する—。そんなことも夢ではなくなるかもしれません。

宮下 盛氏
近畿大学特任教授・水産研究所長・水産養殖種苗センター長。株式会社アーマリン近大　取締役。NPO法人　アジア太平洋農林水産自立支援グループ理事。

1943年神奈川県箱根町生まれ。神奈川県立小田原高等学校、近畿大学農学部水産学科卒業。1966年より海水魚類養殖の父、故・原田輝雄博士に師事。1968年近畿大学水産研究所白浜実験場の副手となり、助手、講師、助教授を経て、2001年教授に就任(1971年から水産養殖種苗センター白浜事業場と兼務)。2008年から水産養殖種苗センター長、2011年から水産研究所長を務める(兼任)。

著書:「クロマグロ完全養殖」(共編著:成山堂書店)、「海水魚の養殖」(共著:湊文社)、「水産増養殖システム　海水魚」(共著:恒星社恒星閣)など。

Premium school

女子学院中学校

JOSHI GAKUIN Junior High School

東京／千代田区／女子校

キリスト教の精神を基盤に自立した女性の育成を目指す

1870年（明治３年）に開校し、今年で創立144年の伝統を誇る女子学院中学校・高等学校。キリスト教の精神を基盤とし、我が国における女子教育の先駆けとして、生徒一人ひとりをかけがえのない存在として受け止める教育を実践してきました。１日の始まりとなる毎朝の「礼拝」は、創立当初から継承されてきた、昔も今も変わることのない伝統のひとつとして、生徒の心に刻まれていきます。

JOSHI GAKUIN Junior High School

女子学院中学校

所在地：東京都千代田区一番町22-10
交　通：地下鉄有楽町線「麹町駅」徒歩3分、
地下鉄半蔵門線「半蔵門駅」徒歩6分、
JR線・都営新宿線「市ヶ谷駅」徒歩8分
生徒数：女子のみ720名
T E L：03-3263-1711
U R L：http://www.joshigakuin.ed.jp/

入試情報（2015年度）

募集人員	女子240名
出願期間	1月20日(火)～1月23日(金) 9:00～16:00(郵送不可)
試験日	2月2日(月)
合格発表	2月3日(火)
入学手続	2月3日(火)13:00～15:00 2月4日(水)10:00～15:00

選抜方法
・筆記試験（国語・算数・社会・理科）
・面接（本人のみ）
・小学校校長の報告書

144年の歴史を支えた女子教育への高き理想

東京の文教地区、千代田区一番町の一画に女子学院中学校・高等学校があります。

女子学院は明治維新の混乱もおさまらない1870年（明治3年）、アメリカ人のジュリア・カロゾルスによって築地居留地内に設立されたA六番女学校に始まるキリスト教を基盤とした学校です。当時の日本ではまだ女子教育が現在のように浸透しておらず、まさに逆境下の船出でしたが、「欧米のように女性にも教育を施したい」というジュリア・カロゾルスの熱い思いが開校へとつながったのでした。

その後、女子教育の理念は婦人宣教師たちに継承されていきます。1890年（明治23年）には校舎も現在の場所に移転され、学校名も女子学院に定められました。そして現在にいたり、中高一貫教育の名門進学校として広く知られていますが、根底にあるのは長年受け継がれてきた先人たちの女子教育に対する情熱です。

今年で創立より144年。その間、数多くの卒業生を輩出し、それぞれが多方面において女性のパイオニアとしての活躍を展開しています。

物事の本質を見極める目を大切に

全国の女子校のなかでもトップランクの大学進学実績がある女子学院ですが、受験、受験と声高に叫ぶ指導はなされていません。女子学院は、進学校ではあっても受験校ではないといわれるゆえんでしょう。学ぶこと自体に喜びと意味を見出せるように、自ら率先して学習する姿勢を、時間をかけて養っていきます。

女子学院の教育では、物事の本質を見極める目を大事にしています。風間晴子院長先生は、知識の獲得のみに偏るのではなく、本質を見通す目と柔軟な思考力を併せ持つことの素晴らしさを表す例として、よく次のような1枚の図をしめします。

「さて、ここに何が見えますか」と風間先生はたずねます。

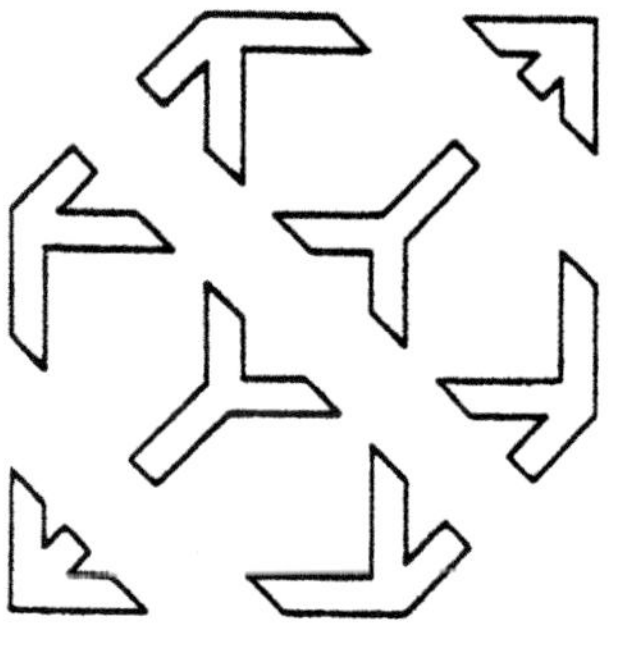

フランシス・クリックの著書『The Astonishing Hypothesis The Scientific Search for the Soul』から引用

風間先生は女子学院の卒業生であり、国際基督教大（ICU）の名誉教授で、東京大でも教壇に立っておられました。2012年（平成24年）には日本植物学会賞特別賞を受賞された生物学者です。科学雑誌『Newton』0号（創刊時の特別編集号）のカバーページに注目の女性科学者として登場したことでも知られています。

「たった1枚の図で、その人の頭の柔らかさが分かることがあるんですよ」と風間先生。

さて、みなさんには、先ほどの図がどのように見えますか？

先ほどの図に、補助線を補ってみましょう。こうすると、立方体の図が見えてきます。これは、欠けている部分を自ら補うことで物事を総合的に見る「統合力」という力が作用して見えているのだと考えられます。

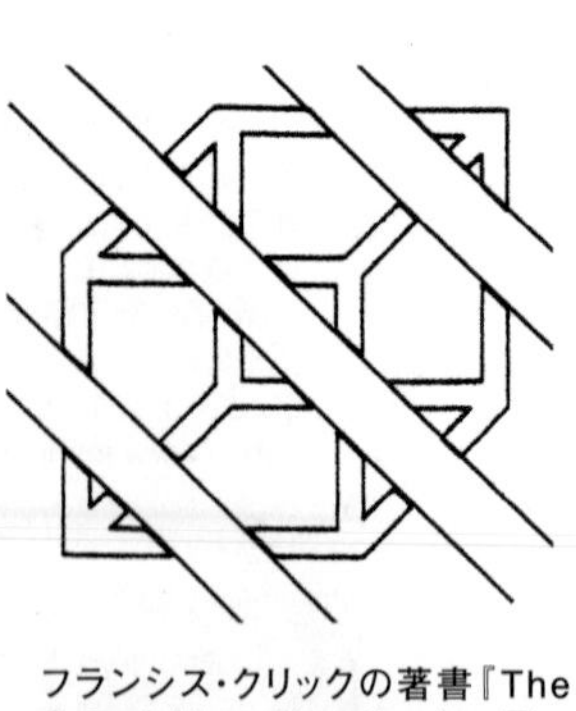

フランシス・クリックの著書『The Astonishing Hypothesis The Scientific Search for the Soul』から引用

「ある小学校の3年生たちに試したところ、約80％が補助線なしで立方体を見ることができましたが、ある大学生たちの場合、百数十人中ひとりしか見えなかったのです。欠けているところを補って理解しようとする力は本来備わっている力だと思いますが、知識を得て、より論理的・分析的な思考ができるようになればなる程、失われてしまうこともあるのだと思います。大学受験へ向けた知識獲得を第一とするのではなく、勉強の楽しさを味わうことをとおして頭の柔らかさも備えた、本質を見極める目を育んでいきたいと考えています」と風間先生はお話しされました。

学ぶ楽しさがある女子学院では、淡々と先生の話を聞いて学んでいくという授業はほとんどありません。生徒は、質問があれば次々に挙手をしますし、「おかしいな」と疑問を感じたときにも進んで意見を言うことが多く、活発な議論の場となることも珍しくないそうです。

こうした授業を6年間受けていると、どんな場でも物おじせずに自分の意見をはっきり述べることのできる力が身につくのです。

こうした教育の成果でしょう。女子学院の卒業生には「女性初」の人が数多くいます。例えば、女子学院となってから初代院長をつとめた矢島楫子《かじこ》先生も「日本キリスト教婦人矯風会」という日本で最も古い婦人団体を創設しました。また、臨床医の今井通子《みちこ》氏は女性として初めてアルプス三大北壁登《とう》攀《はん》に成功した登山家です。そのほかにも、日本初の女性航空整備士や朝日新聞社で最初の女性カメラマンも女子学院出身でした。

始業前の礼拝は毎朝実施 心の教育を担う年間行事

女子学院はプロテスタントのミッションスクールとして、キリスト教精神を教育理念の根幹に位置づけています。

「一人ひとりはかけがえのない存在であり、自分を愛するように他者を愛する」、こうしたキリスト教精神を基盤に自らを育み、他者や社会に奉仕する豊かな人間性を磨くことが重視されています。

毎朝、始業前には礼拝があり、聖書の言葉に耳を傾け、自らを省みます。このすがすがしくも充実した時間から1日がスタートするのです。

女子学院で学んだ生徒にとって、毎朝の礼拝はかけがえのない時間として心に刻まれます。

また、週に1時間、聖書の授業が設けられています。中学では聖書の歴史的・文化的背景を学び、高校ではキリスト教の歴史、他の宗教、ヨーロッパの思想などから現代社会の問題や倫理について考えていきます。

入学式をはじめ、学校行事の多くは礼拝形式で行われ、聖歌隊の合唱が新入生たちを迎えます。秋には聖歌隊のコンサート、12月には

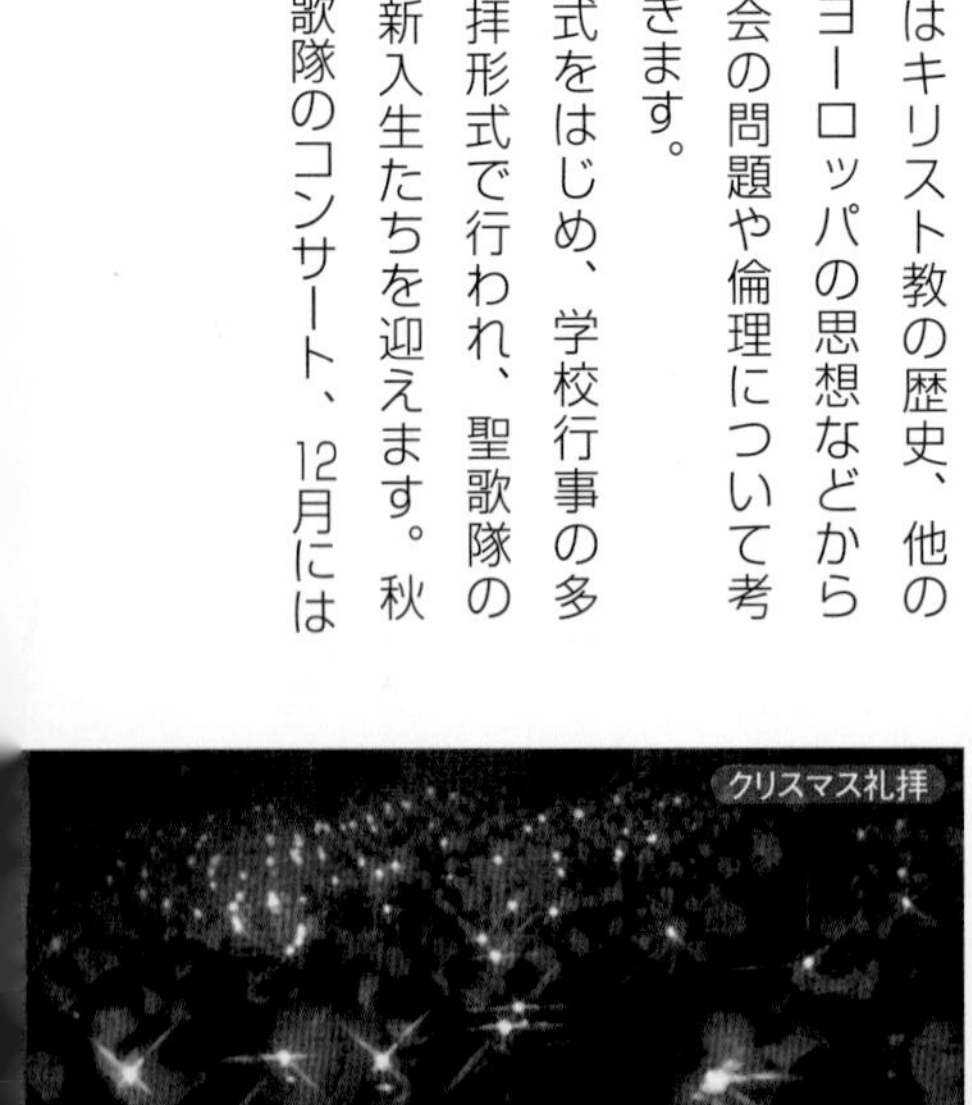

クリスマス礼拝

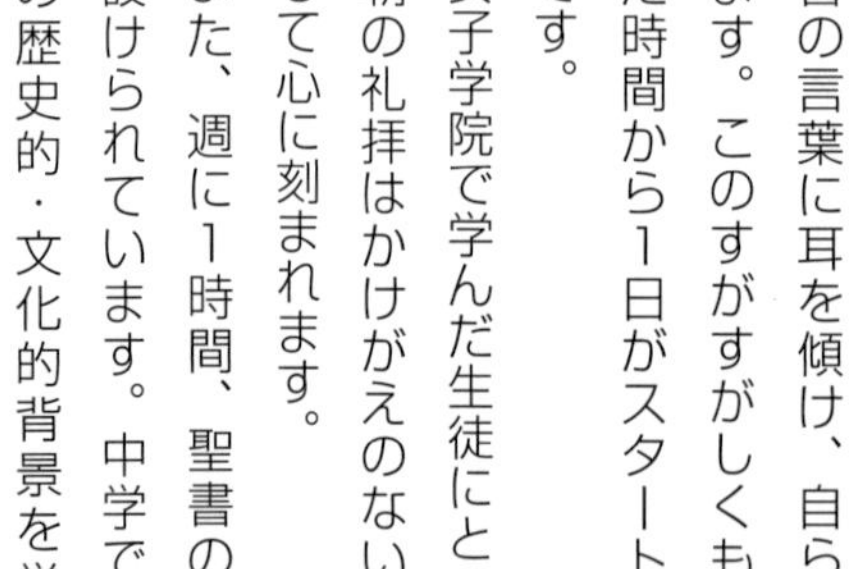

球技会

秋の遠足

マグノリア祭

クリスマス礼拝が催され、3月には卒業生のための卒業礼拝が実施されています。夏休みに入るとすぐ行われる高3の修養会や中2のごてんば教室も、異なった考えに出会うなど、自分を振り返るよい機会になっています。生徒たちは、これらの行事を通じて愛や思いやりの意味を知り、人間的な奥行きを深めていきます。

先取りより質を重視する ハイレベルな授業

中学段階では、土台づくりということで基礎基本に徹し、実験や観察、様々な体験活動を重視した、物事への興味や関心を高める工夫が凝らされた授業が行われます。また、進学校ではあるのですが、極端な先取り学習をしない点も女子学院の大きな特徴といえるでしょう。

では、何が抜群の進学実績を支えているのかといえば、やはり丁寧で質の高い日々の授業だといえます。プリント等の独自教材を駆使して、分かりやすく、生徒の理解を深める授業が展開されています。

さらに、科目によっては、クラスを分割した少人数制授業を採用し、中高6年間を見通して、重複を避けるカリキュラムが構築されています。基礎学力の充実にも力が入れられ、英単語、漢字、計算などの小テストも数多く実施され、土台となる部分の学力形成を目指しています。

高校になると、選択制の授業が用意され、各人の将来の目標に備えることになります。英語では習熟度別のクラスが編成され、レベルアップがはかられています。

友情の輪を咲かせる 活発なクラブや生徒会

クラブ活動はきわめて盛んで、ほとんどの生徒がいずれかのクラブに所属し、活発に活動を続けています。始業前の時間を利用して活動したり、授業のない土曜日にも登校して熱心に取り組む生徒も多く、最近では東京都の大会で好成績を収めるクラブも少なくありません。運動系、文化系を問わず、クラブの合宿では女子学院が所有する御殿場寮が活用され、技術の向上や活動に磨きをかける場として機能しています。

また、御殿場寮の生活では、掃除から食事の配膳まで自分たちで行います。こうした経験から、自立心を養う場ともなっています。友人や先輩、後輩と一緒に寝食を共にする経験は、よき友情を育み、中高生活の思い出となっているようです。

生徒会活動や各委員会活動に打ち込む生徒も多く、それぞれのやりたいことに熱中できる充実した学校生活があります。

保護者と学校が協力して行うJG会活動も、女子学院の特色といえます。バザーやボランティア活動、『女子学院広報』の発行などをとおして、学校ならびに保護者間の連携を深めています。

学校行事も多彩で、10月のマグノリア祭を頂点に、修学旅行や体育祭、球技会など目白押しです。歌舞伎や伝統芸能への理解を深める行事もあります。女子学院には、伸びのびと学び、大いに成長できる環境があります。

夏休みクラブ合宿

春の修養会

かるた会

修学旅行

女子学院中学校

JOSHI GAKUIN Junior High School

一人ひとりの個性と潜在的能力を育む伝統校

長い歴史と伝統に支えられた女子学院中学校・高等学校は、日本の女子教育のトップリーダーとして多くの俊英を世に送り出してきました。また、キリスト教精神を教育理念の根幹におくミッションスクールである同校では、愛と思いやりの心を育むなか、他者や社会に奉仕する人間を育成することを目指しています。6年間かけて幅広い知識を育み、物事を多角的に考えることのできる力を育む女子学院の教育について、風間晴子院長先生にお話を伺いました。

（学院生活は発見の連続
生き生きと学ぶことで
新たな自分に出会える）

風《かざ》間《ま》 晴《はる》子《こ》　院長先生

キリスト教の理念を基に社会貢献できる女性へ

【Q】御校の教育における基本理念についてお教えください。

【風間先生】本校はキリスト教の理念を基盤とした教育を実践しています。一人ひとりの個性と潜在的能力はそれぞれ違いますから、それを引き出し、育むことが大切だと考えています。

毎朝行われる15分の礼拝は、聖書の言葉に耳を傾け、自身と向きあう時でもあり、他の人の話を聞くことで様々な考えに触れられる貴重な機会です。この礼拝で自身の基盤が形成されたと語る卒業生のお話もよく聞きます。

また、１８７４年（明治7年）に宣教師として来日し、本校の基礎を築いたミセス・ツルーは「高尚なる志を活かす真の力を養成しなさい」と説きました。高い知性を得たならば、それをたんなる自己実現のためではなく、社会に還元していくことを大事にしたいと考えています。

そして、本校初代矢島楫子院長の「あなた方は聖書を持っています。だから自分で自分を治めなさい」という言葉に集約されていると思いますが、自由を掲げている学校でもあります。

これは放任主義とは異なり、責任を伴う自由です。本校における自由の象徴的な現れとして、制服が制定されていないことがあげられます。

登校時の服装について、学校は本来どうあるべきかという視点から、生徒は自分たちで考え、ときにはお互いに相談したり話しあったりしながら決めてきました。

「問うことを学ぶ」自発的な学びの基盤

【Q】女子学院の教育の特徴についてお教えください。

【風間先生】例えば世界史の勉強をするとき、「私たちはなぜ歴史を勉強するのか」という問いかけから始まります。このように、本校では、

講堂

大体育館

パソコンルーム

図書館

化学室

ただ知識を習得させ記憶させるのではなく、考えることを大切にしています

１９５８年（昭和33年）に中学校に「道徳」の授業が導入されましたが、本校ではそれ以前から、現在にいたるまで、「聖書」の授業を行ってきています。

その授業でも、キリスト教や他の宗教について調べ、発表したことをよく覚えています。こうした本校の取り組みは伝統的に続けられているもので、様々な科目のなかで実践されています。受け身ではなく、自ら自発的に学ぶことを重視しているのです。

学問というのは、「問うことを学ぶ」ことです。一生問い続けられるような学びの基盤を女子学院で築いてほしいと願っています。

【Q】中学受験に臨む方々へメッセージをお願いします。

【風間先生】今お話ししたとおり、学びの本質とは、自発的に課題を発見し、それを解決していくことです。その能力を本校では育てていきます。本校の卒業生のなかには、女性としてパイオニア的な活躍をしている人が数多くいます。それも自分で考え、自分で見つけた道を歩んできた方ばかりです。こうした姿勢が自然に育っていく学校です。

本校に入学して間もない中学１年生の保護者の方から、「子どもが生き生きとした学びができているのがうれしい」という感想をお寄せいただきました。

子どもたちは、自分が受容されたと感じたときに伸びます。信じるところから始めなければ、お子さんが持っているものを育てることはできません。お子さんをありのままに受け入れ、信じることが大切だと思います。

お子さんが自分の足で歩むこと、自分で考えて行動することによって自分の道を切り開いていく力を育てていくことが大切だろうと思います。手を貸しすぎずに、保護者の方々もお子さんを信じ、じっと見守ることが大事なのではないでしょうか。これからの日本が豊かになっていくためにも、そうした姿勢でお子さんに接することが大切だと思えてなりません。

頭もおなかもこれで元気

乳酸菌のヒミツを楽しく学ぼう!

アクティ & おかぽん が

早稲田アカデミーNN開成クラス理科担当の阿久津豊先生が解説

(株)ヤクルト本社茨城工場に行ってきました!

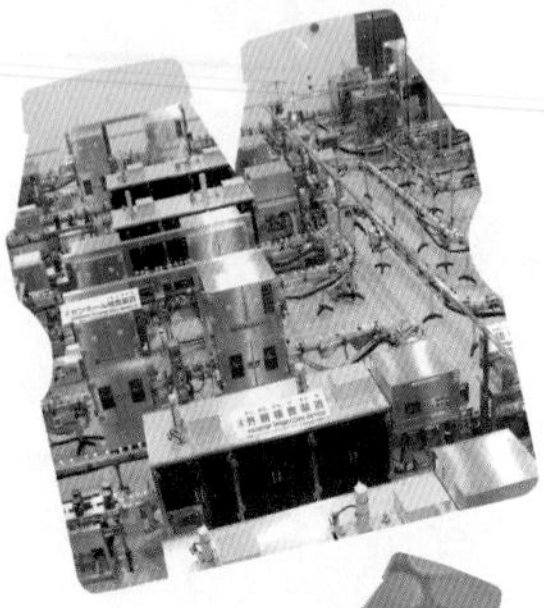

乳酸菌飲料「ヤクルト」が誕生したのは1935年。それ以来、約80年にわたって、みんなのおなかを守り続けているのです。乳酸菌飲料のヒミツや製品ができるまでを「(株)ヤクルト本社茨城工場」で楽しく学びましょう!

上の商品が(株)ヤクルト本社茨城工場で生産されている飲みものだよ。赤い線が引いてあるものは、茨城工場で原料液を造る工程が見学できるんだ。

(株)ヤクルト本社茨城工場でNewヤクルトやBF-1のヒミツを見てみよう!

工場見学担当の大西さんがわかりやすく教えてくれたよ!

ビデオを見ていたら「歓迎 アクティ様 おかぽん様」と。お・も・て・な・し♪してくれてうれしかったな!

工場見学担当者の解説を交えながら、NewヤクルトやBF-1がカラダに良い理由をビデオで鑑賞します。

映画館みたいなこのPR室は、実はヤクルト容器の形をしているんだ。

乳酸菌 シロタ株について楽しく学べるね!

ヤクルトに入っている乳酸菌 シロタ株について映像で学べます。

茨城工場の外観

(株)ヤクルト本社茨城工場だよ。さっそく見学しよう!

見学の記念にお土産をGET★

(株)ヤクルト本社茨城工場では、工場見学をした記念のお土産として、ヤクルトの乳性飲料「ミルージュ」のほか、ヤクルトオリジナルのプラリサイクル品(時期によって製品は異なります)などがもらえます。

ヤッター! プレゼントがもらえたよ!

ヤクルトに含まれている乳酸菌 シロタ株ってなに?

ヤクルトの創始者である代田稔(しろた みのる)博士。代田博士は、病気にかからないための予防が大切と考え、おなかの中に住む悪い菌をやっつける良い菌の研究を始めました。そして1930年、胃液などに負けず、生きたまま腸内まで届いておなかの調子を整える乳酸菌の強化・培養に成功したのです。この乳酸菌の名前は代田博士の名前をとって「乳酸菌 シロタ株」と名付けられました。働く場所は主に小腸になります。

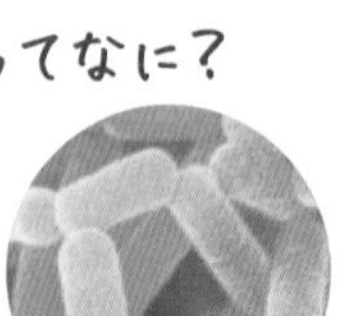

乳酸菌 シロタ株

ヤクルトをもっと好きになろう! 知っておきたい 豆《ヤクルト》知識

Q. なんでヤクルトっていうの?

A. エスペラント語でヨーグルトを意味する「ヤフルト(Jahurto)」を、言いやすいように変えて造った言葉が「ヤクルト」なんだ。エスペラント語とは、19世紀にポーランド人のザメンホフという方が、世界共通語として作った言語なんだ。

Q. ヤクルトの色はなんの色?

A. ヤクルト特有の茶褐色は、原料(脱脂粉乳と糖類)を加熱して殺菌した時に、原料に含まれているアミノ酸と糖が反応してできる自然の色なんだ。ホットケーキやクッキーも同じ反応によるものなんだよ。

Q. NewヤクルトやヤクルトT400の容器に記されている人のマークはどんな意味?

A. ヤクルト容器に記されている人のマークは、特定保健用食品(トクホ)マークといい、安全でカラダに良い働きをする食品として、国が認めたものだけに表示できるマークなんだ。ヤクルトの多くの商品に、トクホマークがついているぞ。

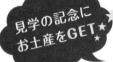

BF-1の生産工程を見てみよう!

容器は、1枚のロール紙からカットし筒型に作り、飲み口はプラスチックで成形し、紙に付着させ容器を逆さのままBF-1の液を入れていくぞ。

開いている底の部分を密封し、上向きにして次の工程へ!

①充填室《じゅうてんしつ》

「BF-1」の容器をつくり、一つひとつに液を充填し入れていきます。

小型カメラでチェックしていたよ!

②包装室《ほうそうしつ》

各種検査装置

容器に傷がついていないか、液もれをしていないか、賞味期限などがしっかり印字されているか、内容量が正確かなど、さまざまな角度から検査します。

ストロー貼付器《はりつけき》・検査装置

一本一本ストローを貼付けしていき、容器の側面に正しく付いているかを検査します。

できあがったBF-1を7本1包みにパックしていくぞ。

1日一本で1週間分だね!

③集積室《しゅうせきしつ》

集積室では、パックされた「BF-1」をトレイケーサーという機械で箱詰めにします。

Newヤクルトやヤクルトフルーティなどの原料液が入っているタンクも見学できるよ!

④冷蔵庫

→製品が入った箱をパレットの上に積み上げていきます。

箱詰めされた製品は、冷蔵庫へ運び、ヤクルトスタッフが最後に味と匂いを検査するんだ。

そして翌日出荷へ!!

BF-1ってなに?

BF-1とは、ビフィズス菌(B.ビフィダム Y株)を使用した乳製品乳酸菌飲料で、(株)ヤクルト本社茨城工場でのみ生産されています。宅配専用の商品で、お店では販売していません。

BF-1に含まれている ビフィズス菌ってなに?

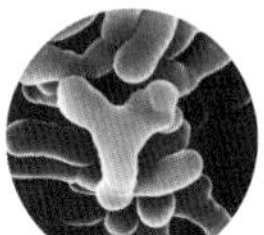

ビフィズス菌
(B.ブレーベ・ヤクルト株)

乳酸菌 シロタ株と同じく、ビフィズス菌も乳酸菌というグループに属しますが、主に働く場所が違い、乳酸菌 シロタ株は小腸、ビフィズス菌は大腸で働きます。

また、BF-1のビフィズス菌(B. ビフィダム Y株)は、ヤクルトの研究から誕生した、胃にやさしい新しいビフィズス菌です。

ヤクルト製品でおなかの調子を良くしよう!

消化管の働きとおなかに良いヤクルト製品について見てみましょう。

内臓の特徴

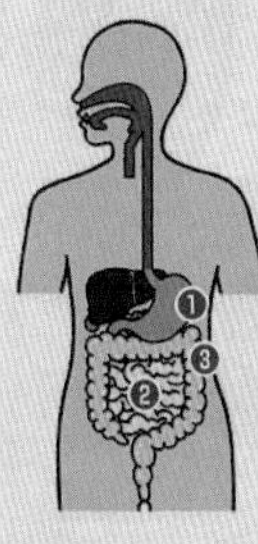

❶ 胃

噛むことで細かくなった食べ物をぜん動によって胃液と混ぜ、かゆ状に消化する働きをします。

健 →

❷ 小腸

小腸、十二指腸において、すい液・胆汁を混ぜ、消化をすすめ栄養を吸収します。

康 →

❸ 大腸

消化吸収が行われなかった食べ物の水分を吸収し便を形成します。

へ →

小腸は平均6～7mもの長さがあり、広げるとテニスコートと同じくらいの大きさがあるんだ。

小さいころからおいしく飲んでいたヤクルト製品には、健康に対する想いがいっぱいつまっているんだ。みんなには健康な体で勉強や習い事をしてもらうことを願っているよ!

INFORMATION

〒306-0314 茨城県猿島郡五霞町大字川妻1232-2　交通／JR宇都宮線「栗橋駅」下車、タクシーで約7分

【工場見学のご案内】

ご案内人数／1回あたり1～100名様(100名様を超える場合は、ご相談ください。)

ご案内時間／1日4回約60分(①9:00～、②10:30～、③13:00～、④14:30～)

ご予約受付時間／月曜日～土曜日(日曜日、年末年始は休業) 8:30～16:00

ご予約電話番号／TEL.0280-84-2121(見学希望日の1週間前までに、お電話でお申し込みください。)

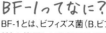

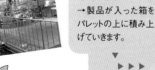

聞いてビックリ
知って納得

都道府県アンテナショップ探訪

これまでいくつの都道府県を訪れたことがありますか？各都道府県には、まだあまり知られていない名所や習慣が多く存在します。今回は、鹿児島県東京事務所の古庄《ふるしょう》さんに鹿児島県の魅力をお聞きしました。

鹿児島県東京事務所
古庄 由佳さん

©K.P.V.B

鹿児島県のシンボル 桜島

桜島は、鹿児島市街地から約4km離れた場所にある活火山です。以前はその名の通り島でしたが、1914年に発生した大噴火によって、大隅《おおすみ》半島と陸続きになりました。今でも毎日のように小さな噴火を繰り返しているため、火山灰が日常生活に悪影響をもたらすこともあります。しかし、火山地帯ならではの特産物や温泉など、桜島固有の恵みもたくさんあるのです。

桜島の名産

桜島大根

©K. P. V. B

桜島大根は、平均で10kg前後もの重さがある世界で一番大きな大根です。肉厚で柔らかく、煮崩れしにくいので煮物や漬物に適しています。

桜島小みかん

桜島小みかんは、直径5cmにも満たない世界で一番小さいみかんです。香り高く、濃い味が特徴の桜島小みかんは、お正月には欠かせない季節の味です。

「ぐりぶー」・「さくら」

お仕事●鹿児島の魅力を多くの方々に知ってもらうこと
特徴●「ぐりぶー」は、「かごしま黒豚」と鹿児島の豊かな自然をイメージしています。顔は凛々しい西郷どんです！隣の女の子は「ぐりぶー」のお嫁さんの「さくら」です。「さくら」の顔の周りにはたくさんの花があり、耳にはハイビスカスの飾りがついています。

© 鹿児島県ぐりぶー・さくら#259

お土産売れ筋ランキング

1 さつま揚げ

魚のすり身を油で揚げた鹿児島県の伝統料理、「さつま揚げ」。「かごしま遊楽館」では、揚げたてを購入することができます！

2 お菓子類

鹿児島県には美味しいお菓子がたくさんあります。なかでもヤマイモたっぷりの「かるかん」は、もちもちの食感と上品な甘さが魅力の鹿児島県を代表する郷土菓子です。餡入りの「かるかん饅頭《まんじゅう》」もあります。

3 お茶

鹿児島県は国内有数の緑茶の産地で、その生産量は全国第2位です。「かごしま遊楽館」には、深い味わいと豊かな香りが特徴の「かごしま茶」が豊富にそろえてあります。

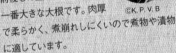

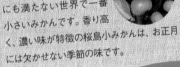

❶ 屋久島

日本で初めて世界遺産に登録された屋久島には、推定樹齢7,200年とも言われている“縄文杉”が息づいています。その“縄文杉”を見るためには、片道5～6時間かけて山を登っていかなければなりません。やっとの思いでたどり着いた“縄文杉”を目にし、感動のあまり涙する人も多いとか。他にも、ゆったりと流れる川をカヌーで下ったり、沈み行く夕日を眺めたりと、都会では感じることができない時間の流れを味わうことができます。

縄文杉
©K. P. V. B

❷ 武家屋敷

薩摩藩では、領地全体を外城《とじょう》と呼ばれる小さな区画に分けていました。普段、その外城で暮らしていた武士たちですが、緊急時には領主の命によってすぐに戦ができるように準備をしていました。出水《いずみ》市麓《ふもと》町や南九州市知覧《ちらん》町郡などに行けば、当時の武家屋敷の様子を見ることができます。

知覧武家屋敷
©K. P. V. B

❸ 種子島

鉄砲伝来の地として有名な種子島。しかし現在では、宇宙の玄関である「種子島宇宙センター」がある場所としても注目されています。真っ青な海に囲まれた宇宙センターは、世界で最も美しいロケット発射基地と言われています。

©K. P. V. B

シラス台地

鹿児島県全土の約半分は、火山灰などが堆積してできたシラス台地です。水はけが良いシラス台地は稲作に適さないため、鹿児島県では、米の代用食となるさつまいもが盛んに栽培されるようになりました。

鹿児島県基本情報

面積…… 9,189㎢
人口…… 1,670,895人
(2014年5月1日現在)
県の木… カイコウズ、クスノキ
県の花… ミヤマキリシマ
県の鳥… ルリカケス

❹ 指宿《いぶすき》砂むし温泉

約300年前から続く伝統ある温泉です。波打ち際に横たわり、温泉で温められた砂をかけてもらいます。砂をかけてから10分ほどで全身から汗が吹き出すため、デトックス効果抜群！天然の砂むし温泉は、世界でも指宿だけなんです。

©K. P. V. B

❺ 霧島《きりしま》

1934年、霧島は日本で最初の国立公園に指定されました。鹿児島県と宮崎県にまたがる霧島連山には、20を超える火山があります。また、四季折々の雄大な景観と、霧島連山のふもとから湧き出る豊富な湯量によって、霧島は日本有数の温泉地としても有名です。

©K. P. V. B

日本一の生産量を誇る鹿児島県の特産物

温暖な気候に恵まれ、海と山に囲まれた自然豊かな鹿児島県には、美味しい食べ物がいっぱい！

さつまいも

さつまいもを漢字で書くと「薩摩芋」。古くから鹿児島の名産として知られています。全国で生産されるさつまいもの実に約4割が鹿児島県産なのです。

©K. P. V. B

そらまめ

そらまめという名前は、まめが上を向いていることから付けられたそうです。そらまめには、ビタミンB1・B2・Cやカルシウム、鉄分がたっぷり。しかし、サヤから出すとビタミンが分解されやすいため、お店で買う時はできるだけサヤつきのものを選びましょう。

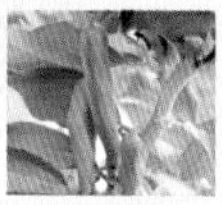

豚(飼養《しよう》頭数)

鹿児島の逸品「かごしま黒豚」は、繊維が細かく、柔らかいのが特徴。豚肉本来の甘みとコクを味わえる、しゃぶしゃぶにして食べるのがおすすめです。

©K. P. V. B

ウナギ

鹿児島県は、ウナギの養殖生産量が全国第1位です。鹿児島県での「ウナギの蒲焼き」は、一度身を蒸してから焼き上げるためふっくらとした食感が魅力です。

西郷隆盛

鹿児島県の有名人として真っ先にあがるのは、幕末の英雄「西郷隆盛」ではないでしょうか。薩長同盟や戊辰《ぼしん》戦争、江戸城無血開城など、新政府樹立に尽力しました。薩摩藩のため、日本のため、そして自分を慕う人々のために、命をかけてこの国を守ろうとした西郷隆盛は、今でも多くの人に愛されています。

©K. P. V. B

日本で最初の新婚旅行

1866年、京都の寺田屋に宿泊していた坂本龍馬は伏見奉行所の役人に襲われてしまいます。坂本龍馬はその傷を癒すために、西郷隆盛らのすすめで妻のおりょうと一緒に鹿児島県の霧島温泉を訪れました。この旅が、日本で最初の新婚旅行と言われています。

©K. P. V. B

鹿児島、あります。

かごしま遊楽館

〒100-0006 東京都千代田区有楽町1-6-4 千代田ビル1～3F
JR有楽町駅日比谷口より徒歩2分、地下鉄日比谷駅A4出口前
TEL：03-3580-8821（食品販売）
営業時間：
食品販売（1F） 10:00～20:00（土､日､祝日19:00まで）
観光案内（1F） 10:00～18:00
レストラン（2F） 11:00～22:30（日、祝日21:30まで）
工芸品展示･販売（3F） 10:00～18:00

受け継がれる伝統

大島紬《おおしまつむぎ》

1300年もの歴史ある大島紬。30あまりにおよぶ複雑な手法で作られる、鹿児島県を代表する織物です。軽くて暖かく、気品漂う絣《かすり》模様が魅力の大島紬は、古くから多くのファンに愛されています。

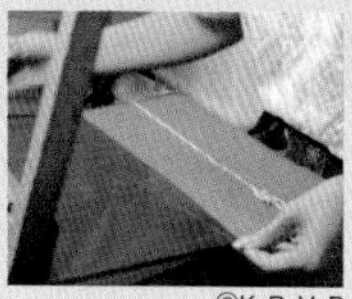

©K. P. V. B

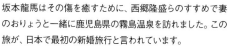

お仕事見聞録

「働く」とは、どういうことだろう…。さまざまな分野で活躍している先輩方が、なぜその道を選んだのか?仕事へのこだわり、やりがい、そして、その先の夢について話してもらいました。きっとその中に、君たちの未来へのヒントが隠されているはずです。

PROFILE
1982年生まれ。2001年3月兵庫県立豊岡高等学校卒業。2005年3月滋賀大学経済学部経済学科卒業。同年4月に株式会社ニチレイフーズに入社し、四国支店にて家庭用商品営業を担当。その後、首都圏支社家庭用グループに配属され、首都圏エリアでの営業に従事する。2014年4月に家庭用事業部へ異動してからは家庭用商品のマーケティングを担当、現在に至る。

マーケティング担当者

株式会社ニチレイフーズ

松井　圭太さん

—株式会社ニチレイフーズとは?

ニチレイグループの事業会社のひとつで、「くらしに笑顔を」を企業コンセプトに、冷凍食品やレトルト食品など、さまざまな加工食品の開発から製造・販売を行う食品メーカーです。

なかでも冷凍食品は、業界NO・1の売上を誇っています。

—【マーケティング担当者】とはどんな職業ですか?

〝今、お客さまが何を望んでいるのか〟をさまざまな調査を行いながら考え、多くの専門部署のメンバーと協力しながら戦略を立てていくのが【マーケティング担当者】です。

具体的には、「ニチレイフーズの商品をどのようなお客さまが購入されているのか」といった顧客分析や〝食のトレンド〟をもとに、工場の開発担当者や家庭用事業部の商品開発担当者などと一緒に、新商品のコンセプト開発や既存商品の改良、パッケージデザイン案、さらには販売戦略などを考えていきます。

—この仕事を選んだきっかけは?

両親が水産加工業を自営していたこともあり、「お客さまが求めている商品を提供し、お金をいただく」という商売の基本を小さいうちに自然に学ぶことができました。

　そして、大学でマーケティングを専門に学んでからは「多くの人に末永く愛され、人々の生活に満足を与えることのできる商品を生み出したい」と考えるようになりました。就職活動も食品メーカーや日用品メーカーなど、身近な商品に携われる企業を中心に研究をおこないました。そのなかからニチレイフーズを選んだのは、学生時代に『本格炒め炒飯』をよく食べていたことと、「原料へのこだわり」や情報開示を含めた「正直でまじめな商い」という企業としての姿勢に魅力を感じたからです。

―お弁当によく使われる冷凍食品シリーズについて、ニチレイフーズとしてのこだわりを教えてください。

　お子さんのお弁当のおかずとしてお勧めしているのが、『ミニハンバーグ』や『からあげチキン』など、電子レンジで簡単に調理できる商品をそろえた『お弁当にＧｏｏｄ！』シリーズです。

　『お弁当にＧｏｏｄ！』の特徴は、おいしいことは言うまでもありませんが、「家族の食事を気遣うお母さんが気にする食品添加物、着色料・保存料・化学調味料を使用していない」ことです。しかも、その商品をつくるための原材料（1次原材料）はもちろんのこと、その原材料をつくるための原材料（2次原材料）、さらには3次原材料にいたるまで、着色料・保存料・化学調味料を使わないことを徹底。その結果として多くのお母さん方からご好評をいただいています。

　また、最近の傾向として、冷凍庫から取り出したままお弁当に入れることができる〝自然解凍調理可能な商品〟の人気が高まっています。もちろんニチレイフーズでも販売していますが、醸造酢やアセロラ濃縮果汁などの天然由来物を使うことでおいしさを保つ工夫をしています。こうしたニチレイフーズ独自の配合技術が、『お弁当にＧｏｏｄ！』のシリーズコンセプトを下支えしています。

―新商品を開発するときに一番難しいところは？

　常日頃から新聞・雑誌・情報誌などを細かくチェックしたり、レストランやデパ地下などの惣菜売り場で人気メニューを探ったりするなど、常に〝食のトレンド〟を敏感に察知できるように心がけています。

　そのうえで商品開発を行い、「これなら絶対に売れる！」と開発担当者全員が大賛成したとしても、工場の生産ラインで製造できるかどうかは別問題です。このように原材料や品質、製法にニチレイフーズならではの〝こだわり〟を加えたうえで、ご家庭で調理されたものをお客さまに「おいしい！」と評価していただく―その段階に到達するまでには、いくつものハードルを越えなければなりませんが、それを実現させてこそ、初めて胸を張って新商品を売り出すことができると私たちは考えています。

―ロングセラー商品とヒット商品について、その人気の秘密を教えてください。

　一番のロングセラー商品は、『お弁当にＧｏｏｄ！』シリーズのひとつ、１９６９年に誕生した『ミニハンバーグ』です。この商品が約50年近く食べ続けられてきた秘密は、常に改良を続けてきたからだと思っています。たとえば、最近行った改良としては、それまでは片面ずつ焼いていたのを、新工場の完成を機にダブルベルトグリルで一気に両面を焼き上げるよう

SCHEDULE

松井さんのある一日のスケジュール

8:30	出勤 メールや書類のチェック
10:00	商品開発検討会議
12:00	昼食
13:00	店頭販売について広告代理店と打ち合わせ
14:00	新商品開発について各商品担当者と打ち合わせ
16:00	資料作成、書類整理
18:00	退勤

にしました。その結果、さらにふっくらジューシーな『ミニハンバーグ』に生まれ変わりました。このような技術進歩や時代と共に変わる〝食のトレンド〟に合わせて改良してきたからこそ、多くの方に愛され続けているのだと思います。

　また、一番のヒット商品である『本格炒め炒飯』の人気の秘密は何と言っても、レンジ調理でも中華料理店のようなパラッと香ばしい食感と風味が味わえることでしょう。実は、『本格炒め炒飯』が2001年に発売されるまでは、〝炒飯〟と名前が付いていても本当に炒めてある冷凍炒飯はほとんどありませんでした。しかし、当時のニチレイフーズの商品開発者たちは「炒めた炒飯をつくりたい」と、プロの中華料理人がつくる炒飯を徹底的に研究。その〝炒める技術〟を工場の製造ラインで再現することで『本格炒め炒飯』を誕生させました。このパラッとした『本格炒め炒飯』の食感はお客さまにも受け入れられたようで、発売以来、家庭用冷凍炒飯商品のなかでは常に売上トップを維持しています。

　そして今年の春、『本格炒め炒飯』と同様に〝本格〟にこだわった『本格焼おにぎり』を新発売しました。これはレンジ調理後に「手で握ったふっくら感」と「焼おにぎりならではの焦げ目と香ばしさ」を感じていただけるようにつくりあげた商品です。おかげさまで『本格焼おにぎり』は〝本物志向〟の50歳代以上の方に人気沸騰！その結果、発売以来わずか数か月で既存の『焼おにぎり』と合わせた「焼おにぎりの総売上」が1.5倍になりました。これからもますます成長が期待できる商品のひとつです。

―この仕事に就くために学生時代にするべきことは？

　学生時代には、食に関してはもちろんですが、さまざまなことへの好奇心や興味を大切にしたほうが良いと思います。

　というのも、商品開発は新しいトレンドを生み出す仕事です。「なぜ、これが流行っているのか」「どうすればお客さまに『おいしい』と感じてもらえるのか」。これらを考えるには、やはり自分自身がより多くの楽しさや喜び、おいしさを知っておく必要があるからです。

―仕事上で必要とされる資質は？

　まずは、〝コミュニケーション能力〟でしょう。なぜなら新商品を開発するためには、さまざまな部署や立場の人たちと意見交換をしながら、会社としての方向性を決めていかなければならないからです。また、多くの意見を聞きながら、「本当に大切なことは何か」「本当に実現可能か」などを筋道立てて考える〝論理的思考力〟もとても大切です。

―これから松井さんが絶対に成し遂げたいことは？

　お客さまにご満足いただける商品を開発することです。そして、できればそれがロングセラーとなり、どのご家庭の冷凍庫にも常に入っているような商品になる―。これが大学時代から変わらない私の夢です。

―子どもたちへ将来に向けてのメッセージをお願いします。

　私は「夢＝やりたいこと・やるべきことの積み重ね」だと思っています。だから、子どもたちには目の前の成功や失敗に一喜一憂するのではなく、その先にあるものをしっかりと見つめ、歩き続けてほしいと思います。

―仕事とは？

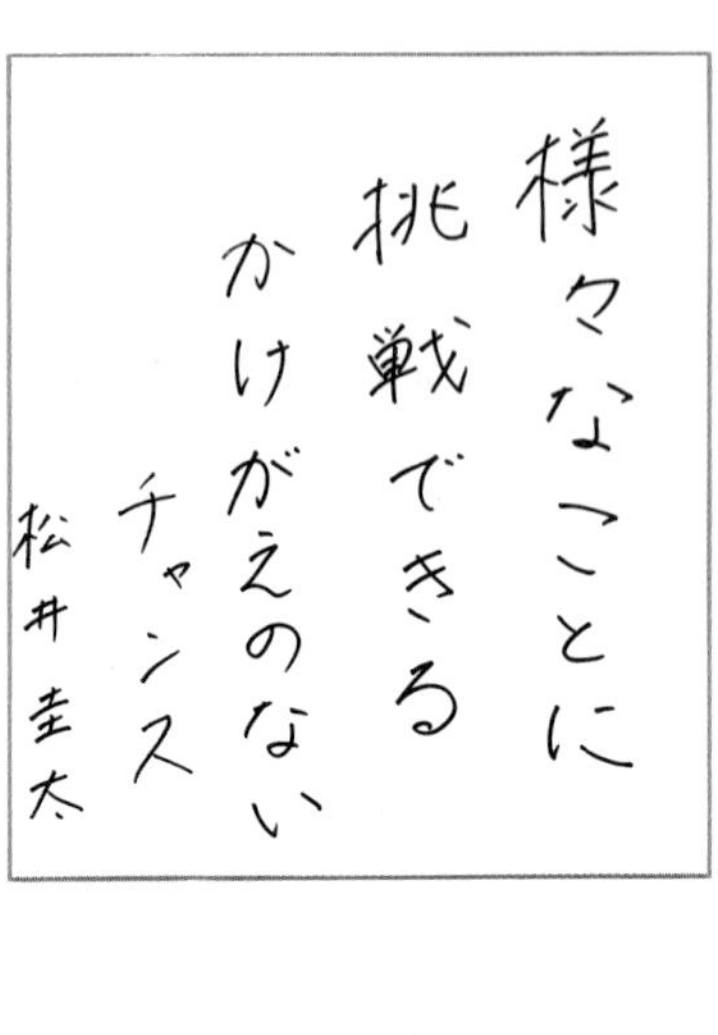
様々なことに
挑戦できる
かけがえのない
チャンス
松井圭太

『サクセス12』では、様々な分野でご活躍されている方を紹介しております。ご協力いただくことが可能な方は、下記のメールアドレスまでご連絡ください。お待ちしております。

メール
success12@g-ap.com

6年後
夢をかなえる
中学校

夢中

かえつ有明中学校

副校長　石川 一郎先生

答えなき課題を“I think , because”

育成方針の特徴としては、一般教養として備えるべき「リベラルアーツ」の習得と並行して、それを活用する批判的思考能力、いわゆる「クリティカル・シンキング」のスキルを養うことが重要と位置付けています。片輪だけでは子どもは伸びません。現に昨今の子どもたちは、あまり思考をしない傾向にあります。つまり知識はあってもそれを活用しないし、あるいは正しく物事を見分けることができない。日本の従来の教育にはこういったことを育てる土壌がなく、したがって科目の中にプログラム化されることもありませんでした。しかし、アメリカをはじめとした海外では、こういった素養を育成するさまざまな教科がある。これに倣い、本校でもプログラム化を進めています。現在は中学生の段階から総合学習の時間枠で実践しています。

内容を一言で言うなら、〝答えのない課題に取り組ませる〟ものです。例えば「織田信長とスティーブ・ジョブス、経営者として選ぶならどちら?」という課題に対し、チームを組んで、両者の違いを浮き彫りにし論理的に結論を導かせる。本校ではよく、「常に“I think , because”で考えよう」と教えています。

前述のように、現状の日本では新しいスタイルですから、生徒の大半は慣れていません。逆に言えば、既に海外で経験している帰国生のように慣れている人が多いほど、能率的に進行することができます。

2020年、かえつ第二期に向けて

進学指導の側面については、数的に言うなら国立早慶で倍くらいの実績アップを目指していますが、質的には子どもたちに〝何を学ぶのかを意識させる〟ことを目指しています。つまり、〝いかにして難関大学に受かるか〟というスケールではなく、〝社会とどういう向き合い方をするか〟と考えて進学に挑む子どもに育てたいのです。

こうした本校の目指す教育を具現・牽引するよいモデルと成り得るのが、帰国生です。本校が帰国生募集に力を入れ、学年担任の中に必ず一人は海外での生活や教職経験のある教員を配して受け入れ態勢を整えているのは、それを念頭に置いた運営上の戦略でもあるわけです。

それから、かえつ有明の第二期の構想として、キャリア教育の色を強めていきたいと考えています。実際、他校でキャリアデザインに実績ある教員を採用し、準備を進めています。要となる方針は、「クリティカル・シンキング・スキル」と同時に「直観力」を育成することです。「直観力」を育てるということはなかなか難しいものですが、方向性としては、いかに世界のさまざまなものを見せ、〝本物〟に触れさせるか、どれだけ親と先生以外の人々と関われるかが下地になると考えています。

このようにして、キャリア教育に限らず総合的なシステム作りをあと5年、即ち、授業別学一期生の卒業が完了した直後、2020年での実現に向けて、鋭意進めているところです。

「クリティカル・シンキング」のスキル育成をサポートする、情報センター「ドルフィン」

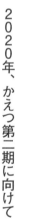

かえつ有明中学校
OBリポート

かえつ発
世界へ出かけ、自分の経験を発信する

廣田 一湖さん　早稲田大学　文化構想学部　1年生

小学4年生から3年間ロシアに住んでいて、中学1年生の6月下旬に日本に帰国しました。帰国生入試に関する情報を集めた結果、学校訪問の際に一番印象の良かった、かえつ有明中学校を受験しました。入学してみると校舎がきれいで、特に人工芝のグラウンドを初めて見た時は感激しました。

帰国間もない中1の時は、同級生に比べ勉強が遅れていると感じていたこともあって、必死に勉強しました。国語がとにかく苦手で、国語の先生にはとてもお世話になりました。

勉強以外で一番刺激的だった思い出は、「英国ケンブリッジ英語研修」です。高1の春に2週間ほど留学できるプログラムです。元々、英語や海外に興味があったので、希望して面接の選考を受け、参加することができました。1週目はケンブリッジ大学敷地内にある『嘉悦ケンブリッジ教育文化センター』にて、留学生同士で過ごしましたから緊張することもなかったんです。でも2週目はホームステイで、ひとりで現地の家庭内に入るので初めは不安でした。苦労したのは英語がすんなり出てこなかったことですが、話せば伝わるもので、「恐れずとにかく話すことが大切だな」と感じたケンブリッジ体験でした。

「かえつ有明で良かった」と思うことはいろいろあります。振り返ってみると、このかえつ有明では余計なことを考えず自分に正直でいられたように思います。サポートも多く、"自分が伸ばしたいところを伸ばしてくれる"環境でした。大学受験も大変でしたが、かえつ有明では「何のために勉強するのか?」を考える時間がありました。ただ意味もなく受験勉強をするということはなかったです。

当時ホームルームをおこなっていた教室にて談笑する、廣田さん（左）と、中2から5年間担任を務めた内山先生（右）

現在は、早稲田大学の文化構想学部で勉強しています。来年には、6つある専攻の内のどれかに進級します。関心があるのは、複数の文化プログラムから総合的に社会現象へアプローチする「複合文化論系」です。実は"お風呂"がとても好きなので す。特に地中海・イスラム圏の国や地域には、特徴的な風呂文化があるので、そうした文化について学んでみたいと考えています。

これからは世界のいろいろな所へ行ってみたいです。実際に行って、見て、そして日本との違いを感じるためにもっと日本のことを知らなければとも思います。将来のことはまだはっきり決めたわけではないですが、広報の仕事をしてみたい気持ちはあります。例えば、旅で見聞きしたことや、旅行情報などを広く発信していきたいです。何をやるにしても「経験を無駄にしたくない」と考えているので、これからも「この経験は何かの役に立つはず」と考えて、勉強やさまざまなことにチャレンジしていきます。そうしていろいろな経験を重ねていき、自分の感じたことをどんどん発信していきたいです。

かえつ有明中学校の魅力

0限の小テスト

1限が始まる前を「0限」として、主に英単語や漢字の小テストを行います。廣田さんは漢字の小テストで苦戦し、放課後に「漢字の補習」を受けたこともあったそうです。

0限小テストのテスト範囲掲示版

サイエンス科

「答え」ではなく「答えを導き出すためのプロセス」を磨くことが「サイエンス」の授業のポイントとなります。中間・期末テストにおいても、論理的思考力を問う問題が出題されます。

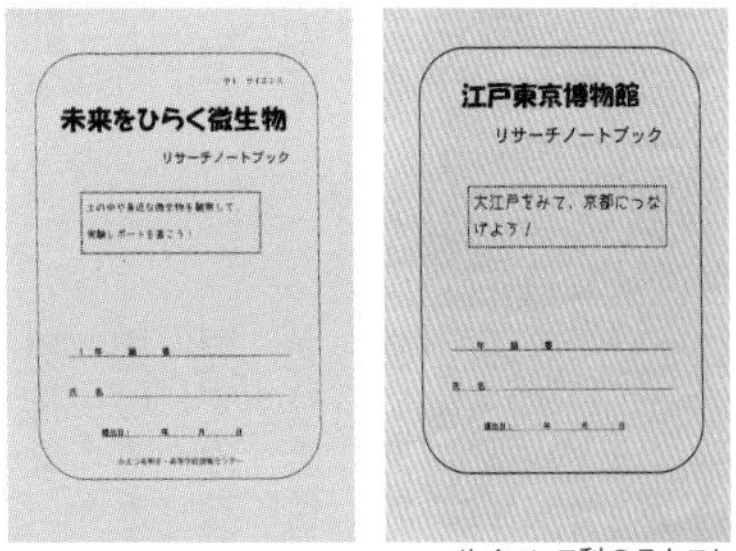

サイエンス科のテキスト

高校2年 修学旅行（イギリス・フランス）

修学旅行はイギリスとフランスへ行きます。"本物に触れてほしい"という学校の方針から、本場のミュージカルの観劇、大英博物館やルーブル美術館の見学を行います。

高2修学旅行の様子

人工芝のグラウンド

正規の広さを確保できる人工芝のサッカーグラウンド。授業はもちろん、体育祭などの行事でも使用する、かえつ有明自慢の施設の一つです。

人工芝のサッカーグラウンド

SCHOOL DATA　〒135-8711 東京都江東区東雲2-16-1　りんかい線「東雲駅」徒歩約8分　TEL.03-5564-2161

Close up!!

クローズアップ!!

サレジオ学院中学校

SALESIO GAKUIN Junior High School

神奈川県　横浜市　男子校

人のために力を尽くせる人間力と希望進路を実現する学力をつける

２０１０年に創立50週年を迎えたサレジオ学院中学校は、「声なき声」に耳を傾け、そのために行動できる人間力と、6年一貫教育を有効に使った学習システムで学力をしっかりと養える男子校です。

SCHOOL DATA

所在地
神奈川県横浜市都筑区南山田3-43-1

アクセス
横浜市営地下鉄グリーンライン
「北山田駅」徒歩5分

生徒数
男子のみ546名

TEL
045-591-8222

URL
http://www.salesio-gakuin.ed.jp/

鳥越《とりごえ》 政晴《まさはる》　校長先生

【Q】御校が目標とする生徒像についてお教えください。

【鳥越先生】キリスト教の価値観を自分のものとして巣立っていく生徒であってほしいと思っています。その価値観とは何かというと、人のために自分が何ができるのかということを考えられる人です。イエス・キリストは目の前にいる困った人、苦しんでいる人に自分の時間や才能、愛情を注ぎました。在校中にそういった価値観を学び、社会でそれを還元できる人になってほしいです。

【Q】御校の校風はどのようなものでしょうか。

【鳥越先生】内外でよく「やっぱりサレジアンだよね」と言われるのですが、優しい生徒が多く、あまりギラギラした感じはないのが本校です。入学してくるときは様々な生徒がいて、ぶつかったり行き違いもありますが、それもふまえながら6年間を過ごすなかでそういう雰囲気に染まっていきます。

そうなる背景には、男子校ということがあると思います。6年間彼らが素のままでいられて、変に背伸びしたり格好をつけたりする必要がないため、お互いにその個性を認めあいながら仲間づくりができます。自分のことを肯定しながら絆を強くしていくので、それが例えば大学受験のときには、まさしく団体戦でがんばる力になります。卒業しても、浪人している同級生がいて彼が煮詰まっていると、自然とそのネットワークのなかで心配して声をかけてくれる仲間が出てきます。「サレジアンぽい」雰囲気のなかで、そういう絆、仲間意識が育まれ、一生の友だちができます。

また、本校の教育の根幹に教師は生徒に寄り添って、一緒に学んでいこうという精神があります。サレジオ全体の創立者であるドン・ボスコの教育理念に、教員は常に生徒の横にいて、彼らのうれしいこと、苦しいことを共有しなさいというものがあります。生徒の年齢や成熟段階に応じて、いい距離感で寄り添う教員の存在も大きいのではないでしょうか。

【Q】御校を志望する生徒・保護者のみなさんにメッセージをお願いします。

【鳥越先生】本校では前理事長の河合恒男神父（故人）が「25歳の男づくり」を掲げてきました。大学受験の結果だけを見てみなさんを判断するような学校ではありません。本校を志望していただけるのであれば、大学や大学院に進み、その先で社会に出て25歳になったときに、そのときの立場で何ができるのかを考え、行動できる人になれる教育を提供していきます。

創立者の精神が息づく教育方針

１９６０年（昭和35年）、東京・目黒の地に誕生したサレジオ学院中学校（以下、サレジオ学院）は、２０１０年（平成22年）に創立50周年を迎えました。

サレジオ学院は、母体であるサレジオの創立者ドン・ボスコの精神に基づき、生徒の「全人的教育」を目指した教育活動を実践しています。その一環としてサレジオ学院が掲げているのが「25歳の男づくり」です。

これは、18歳の春に達成することが生徒たちの人生や価値を決定するものではなく、社会である程度のことができる年齢（25歳）となった時に、何かができる、変革できる人間になってほしいという考えです。

また、近年はグローバル人材の育成が叫ばれており、サレジオ学院でもそういった生徒を育てるための教育を行っています。ただ、サレジオ学院の考えるグローバル人材は、一般的なイメージのそれとは違います。

語学力やコミュニケーション力を駆使して世界をまたにかけて活躍できる人に、ということだけではなく、「世界を見渡せば、戦争や紛争、人権問題や子どもたちの労働力の搾取など、傷ついている多くの人たちがいます。そうした『声なき声』を聞き取り、そのために行動できる人」（鳥越校長先生）がグローバル人材であると考え、中高６年間のなかで、そういった価値観も身につけていくのです。

こうした教育を実践していくのにあたって、サレジオ学院は教員と生徒のかかわり方をとても重視しています。それがよく表れているのが、中１への接し方です。

私立の中学校に入学した1年生が不安やストレスを抱えていることを学校側がしっかりと理解し、まずは「安心して学校に来られる雰囲気」をつくることからスタートします。「いつも先生が近くで見てくれている」「友だちがいる」という状態になれば、そうした雰囲気を生徒

施設・環境

宗教行事に使われる立派なチャペルや、放課後・昼休みに神父と一緒に聖書を勉強したり、ゲームで遊べるコミュニケーションルームなど、独特の施設もあります。

充実した施設が学習意欲の向上にもつながる

チャペル

サレジオホール（食堂）

コミュニケーションルーム

ドン・ボスコシアター

絆が強まる体育祭
責任感を持って楽しむ文化祭

体育祭・文化祭

学校あげての行事といえば体育祭・文化祭。体育祭は中高6学年が縦割りになって活動できる貴重な機会です。文化祭は高2が中心となって、様々な企画を立案します。

は感じることができるでしょう。

そのためのプログラムのひとつとして実施しているのが「オリエンテーション合宿」です。この合宿では勉強は一切せずにみんなで様々なアクテビティに取り組みます。勉強のガイダンスなどもありません。

クラス単位、クラスのなかの10人単位など、いろいろなくくりで共通の課題をクリアしたりすることで、行きのバスで漂っていた緊張感が、帰りのバスではワイワイガヤガヤとした空気に変わります。

また、合宿中は各クラスの担任が自由時間に生徒の遊びに参加したりしながら、人間関係の把握に務めます。

これは一例ですが、特に中1から中2の時期は、生活面、勉強面の両方で手をかけて、生徒が学校になじめるような仕掛けが行われています。

生徒の状況に合わせた学習カリキュラム

学習カリキュラムを見ていくと、サレジオ学院では習熟度授業は取り入れていません。入試の時点である程度似た学力の生徒たちが入学してきているので、そのなかで切磋琢磨することで十分に力をつけていけるという考えがあるからです。補習や講習も用意されています。勉強の面でも生徒に寄り添い、各生徒の状況を見ながら、それぞれの状態に応じて、補習・講習に加えて教員が宿題や補習で引きあげたり、さらに伸ばしたり、ということを行っています。

高1までは1クラス40名が4クラスで、毎年クラス替えがあります。高2からは1クラス30人程度の少人数クラスで6クラスという編制で、文系と理系がそれぞれ3クラスずつ。さらにそのなかで難関国公立大を志望する生徒のクラスが各1クラスずつ組まれます。

進路指導、キャリアガイダンスも6年間という長いスパンを活かし、時期に応じて職場訪問（中3）や2泊3日で行う進路ガイダンス（高1）などを実施しています。

教員にほどよい距離感で見守られる穏やかで伸びのびとした環境のなかで6年間を過ごしながら、しっかりと希望進路を実現していく生徒が多いのも、こうしたカリキュラムや進路指導の賜物と言えそうです。

50年間以上にわたって積み重ねられてきた人間教育と、それを土台に必要な学力を養える学習プログラム。変化のスピードが速い現代社会において、サレジオ学院中学校の「25歳の男づくり」は今後ますます注目を浴びそうです。

普段と違う環境で 多くを学ぶ

学校行事 部活動

中3の春休みにあるイタリア研修旅行や、今春からスタートしたフィリピン語学研修（高1）では、日本ではできない様々な体験ができます。ほかにも各学年で宿泊行事があり、どれもが大切な経験を積む場になります。部活動もさかんで、テニス部は全国大会で優勝もしています。

中1野尻湖

中3イタリア研修旅行

中2スキー教室

感謝祭

中学サッカー部

中学テニス部

クリスマスの集い

吹奏楽部

入試情報

2015年度（平成27年度）入試要項

	A試験	B試験
募集人数	110名	50名
試験日	2015年2月1日	2015年2月4日
合格発表	2015年2月2日	2015年2月5日

試験科目と配点

国語・算数（各100点満点）、社会・理科（各75点満点）

鳥越校長先生からのアドバイス

「これまでのみなさんの積み重ねが結果に表れるような問題の出題を心掛けています。ですから奇抜な問題やものすごくひらめきが問われるようなものよりも、基礎的な計算力、漢字などの知識や、ここまで積み上げてきたことを表現してもらう問題などをしっかり解答できるようにしてください」

千葉市立稲毛高等学校附属中学校

日本人としての自覚を持ち世界で活躍できる真の国際人を育成

2007年（平成19年）の開校から8年目。
今年初めて1期生を送り出しひとつの節目を迎えました。
全ての教育活動をとおして、「真の国際人」の育成を目指します。

一貫教育で育てる バランスのとれた学力

千葉市立稲毛高等学校附属中学校（以下、稲毛）の設立母体である稲毛高等学校の創立は、1979年（昭和54年）です。中学校は、2007年（平成19年）に千葉県内初となる公立の併設型中高一貫教育校としてスタートしました。

「確かな学力」「豊かな心」「調和のとれた体力」を身につけた真の国際人の育成を教育目標に、校訓「真摯《しんし》」「明朗」「高潔」の3つを掲げています。

「確かな学力」を育成するために、文系・理系に偏らないバランスのとれた学力を保証して自己実現を目指しています。さらに「豊かな心」を育成するために、自然教室や職場体験などの様々な体験学習活動を行い、個人の価値を尊重し異文化を受容できる豊かな心を持つ生徒を育てていきます。

「常日頃から、真の国際人とは何かを生徒にも先生方にも問いかけています。真の国際人とは英語教育だけでは育たないと考えており、まず、日本をよく学び、日本人としての自覚を持って世界で活躍できる人材を育てていくことが本校の役割だと思っています。

また、生徒にはよく、ゴールを定めなさいとも言っています。大学に入るだけではなく、その先の目標に向かうためには何をしたらいいのかということを自覚して、取り組んでいってもらいたいです」

（山本校長先生）

山本《やまもと》 昭裕《あきひろ》 校長先生

「日本をよく学び、日本人としての自覚を持って世界で活躍できる人材を育てていきます」

6年間を3期に分ける 発達段階に応じた教育

50分授業の2学期制で、月曜日と水曜日は7時限、ほかの曜日は6時限まで授業が行われます。土曜日は授業を行わずに、部活動などに活用され、週32時間の授業が設定されています。

併設型中高一貫校の特色を活かし、一般の公立中学校より週あたり3時間ほど多い授業時間数を確保しています。

カリキュラムの特徴としては、6年間を発達段階に応じて、「基礎学力定着期」（中1～中2）「充実期」（中3～高2）「応用発展期」（高3）の3期に分け、一貫した教育を行っています。

このカリキュラムでは、「基礎学力定着期」の中学生に、まず学習方法を身につけてもらい、そのうえで基礎学力を養成していきます。そし

School Information

千葉市立稲毛高等学校附属中学校

所在地：千葉県千葉市美浜区高浜3-1-1
アクセス：JR京葉線「稲毛海岸駅」徒歩15分、JR総武線「稲毛駅」バス
生徒数：男子120名、女子120名
T E L：043-270-2055
H P：http://www.inage-h.ed.jp/infjuniorhigh/

て「充実期」では、高校入試がない分、授業時間数をほかの公立中学校より多く確保して学習しています。「応用発展期」の高3では、文系と理系に分かれて、それぞれの目標に向けた学力の向上を目指します。

少人数制授業も実施しています。1学年は2クラスで、1クラスの生徒数は男女半々の40名です。英語と1・2年の数学は1クラスを半分に分け、3年の数学は2クラスを3展開した習熟度別授業で指導しています。

高等学校は、1学年8クラスで、「普通科」7クラスと「国際教養科」1クラスで構成されています。中学からの内進生は全員が「普通科」へ進学し、高校から入学している外進生とは高2まで別クラス編成となります。

さらに、内進生は、高1と高2で英語と数学を2クラス3展開にし、数学は習熟度別授業にしています。中学校と高校の110人を超える教職員が一体となって、中高6年間の一貫教育の利点を活かし、継続的な指導で一人ひとりの力を最大限に伸ばします。

独自の学校設定科目と充実の英語教育が特徴

稲毛中では、学校独自の選択科目が取り入れられ、中1から中3にかけて、「総合科学」「英語コミュニケーション」「世界と日本」が設けられています。

「総合科学」では、理科の実験やコンピューターを使った情報技術を学びます。「英語コミュニケーション」は、ネイティブの講師による実践的な英語の授業を展開しています。また、「国際人プロジェクト」という、校外学習などで積極的に外国人に対して話しかける活動もあります。それにより、自信を持ってコミュニケーションがとれる生徒を育てています。

「世界と日本」は歴史・地理・公民の分野について、世界の国々と日本を様々な観点から比較して、異文化交流を深めます。

このような学校独自の学習は、稲毛中の特色であり、教育目標である「確かな学力」「豊かな心」の育成につながります。

そのほか、英語の授業ではコンピューターを使用した最新の個別音声学習を実施。全員が高校2年次に英検2級取得を、卒業までにTOEIC650点レベルを目指します。

また、中学3年次の京都・奈良での修学旅行後には、訪れた名所などを英語でスピーチして発表します。

高校では2003年（平成15年）から2期6年間、文部科学省からスーパーイングリッシュランゲージハイスクール（SELHi）に指定されました。

現在は、各学年にひとりずつネイティブの講師が常駐していて、SELHiの研究成果に基づき、改めて検証を進め、先進的な英語教育を充実させています。その成果を中学にも波及させ、CALL教室も設置しています。

「2011年度（平成23年度）から、高2の内進生は、10月にオーストラリアでの語学研修に行っています。昨年度の語学研修でも、4班に分かれて、14日間ホームステイをしながら、クイーンズランド州にある4高校に行きました。

また、中学校が開校する以前から、高校の国際教養科ではカナダ

天体観測

部活動

とアメリカに分かれて海外語学研修を実施しており、普通科の生徒も希望制でアメリカでの語学研修に参加しています。このように、教育目標にある『真の国際人の育成』へつながるものとして、様々な指導が行われています」（山本校長先生）

施設・設備面においては、蔵書数４万冊を超える図書館、数学や英語の少人数授業などで使用するジュニア・セミナールーム、国際交流の場としても利用している第２特別教室棟、部活動の合宿に利用している朋友館のほか、全ての普通教室に空調設備を設置するなど、学習環境も充実しています。

陸上競技大会

最後に、入学を希望する受験生へメッセージをいただきました。

「本校は施設面、職員スタッフはほかの学校と比べて特別な配慮がされています。中学校に入って、がんばっていこうと思っている生徒さんには最適な学校です。

『真の国際人の育成』の文言は先生方も意識して、それぞれの教科のなかで思考能力、言語能力を高める様々な取り組みを行っています。また、生徒たちもそれを理解していますので、学校の教育方針を理解して、がんばってくれる生徒に来てもらいたいです」（山本校長先生）

合唱

Check!

入試情報

2015年度（平成27年度入学生募集）

募集区分

一般枠（千葉市在住）

募集定員

80名（男子40名・女子40名）

入学願書受付

12月11日（木）・12日（金）

検査実施日

1月24日（土）

検査内容

報告書、志願理由書、適性検査（Ⅰ・Ⅱ）、面接

適性検査の傾向

適性検査Ⅰは、４教科のバランスよい融合問題で、思考力や判断力、課題発見や問題解決能力をみます。適性検査Ⅱは、作文で力を見る形式となっています。テーマに基づいて自分の考えや意見を文章にまとめ、しっかり表現できる力をみます。

のぞいてみよう となりの学校

日本《にほん》女子《じょし》大学《だいがく》附属《ふぞく》中学校

今回は日本女子大学附属中学校の理科と国語の授業についてご紹介します。理系科目の理科と、文系科目の国語の間には共通点は少なそうですが、日本女子大学附属中学校の理科と国語にはいくつもの共通点があります。

School Data

所在地　神奈川県川崎市多摩区西生田1-1-1
アクセス　小田急線「読売ランド前駅」徒歩10分、京王線「京王稲田堤駅」「京王よみうりランド駅」バス
生徒数　女子のみ746名
ＴＥＬ　044-952-6705
ＵＲＬ　http://www.jwu.ac.jp/hsc.html

自ら考え、自ら行動する力を養うための授業の数々

伝統ある日本女子大学の附属校として、１９４７年（昭和22年）に開校された日本女子大学附属中学校（以下、日本女子大附属）。教育方針である「自念自動」のもと、入学時から、話しあいや書く機会を用意することで、自分で考え、行動できる力を養い、将来社会に貢献できる、人間性豊かな女性を育てています。

そんな日本女子大附属の特徴をよく表しているのが理科と国語のカリキュラムです。

実験数の多さと恵まれた施設・環境

日本女子大附属の理科は実験の多さが特色です。理科教諭の森田真先生は「学校説明会では『生徒実験を多くします』というお話をよくさせていただくのですが、実際にどれぐらい行っているかを具体的に調べてみたところ、昨年度は中学3年間で131回という数字が出ました。本校の授業数がけっして多くはないことを考えると、他校と比べてもかなり多く実験をしていると言えるのではないでしょうか」と説明されます。

ただ、実験授業の数が多いということだけが大切なのではなく、その過程で起こる様々な現象を自分で見て、触れて、そこから自分でその現象について考えて意見を持つことを重視しているのが日本女子大附属の理科教育です。

「そのために、実物に触れる時間と、そこから考える時間の両方で授

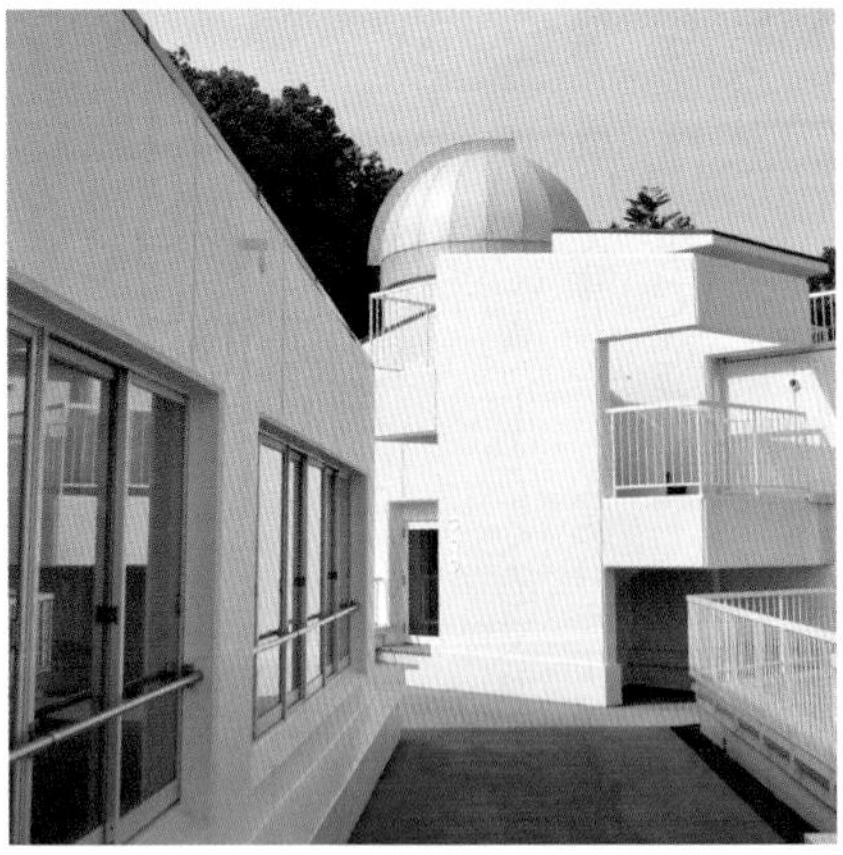
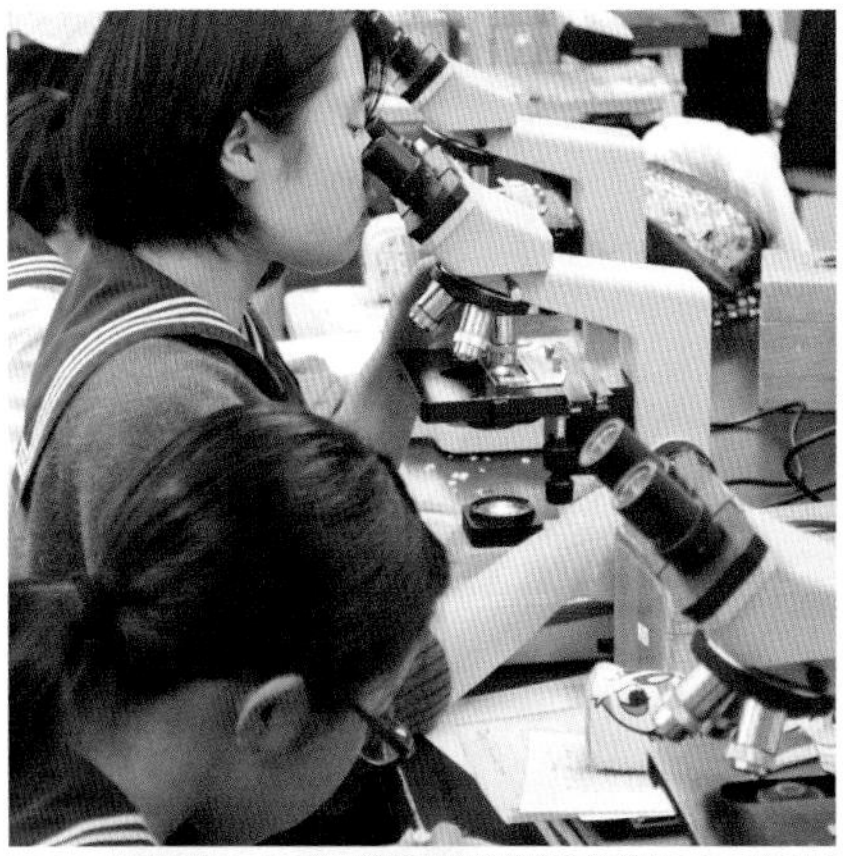
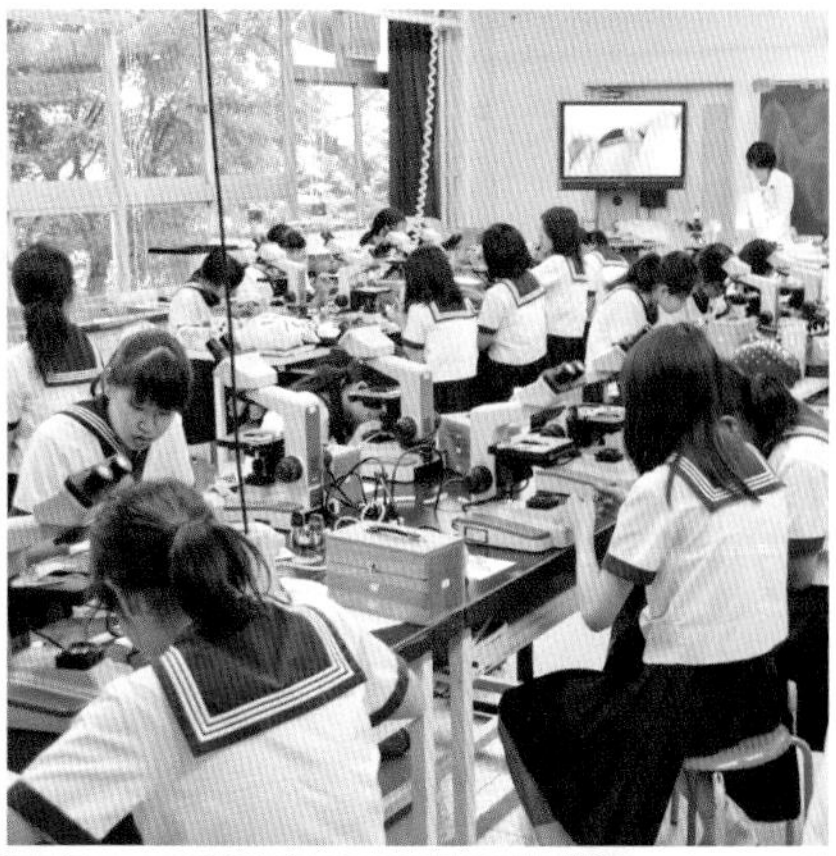
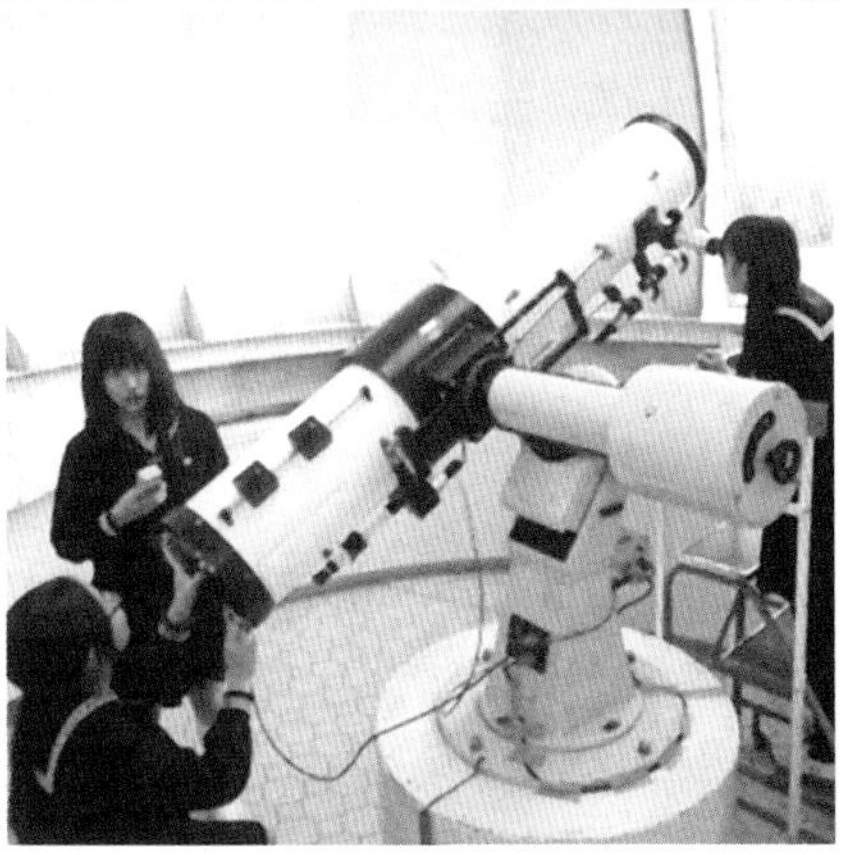

理科棟には天体望遠鏡もあります。

生徒はみんないきいきと実験に取り組んでいました。

業を組み立てるということを3年間続けていきます」（森田先生）

　理科の授業は基本的に2時間続きで、中2・中3は週2時間ずつ1分野と2分野を並行して進めていきます。授業を2時間続きにすることで、実験をしただけで終わらず、その内容について考えたり意見を出したりする時間を取ることができます。

　例えば中2の化学の授業では、「ベーキングパウダーでケーキを焼くと、なぜ膨らむか」というような現象を取りあげます。教科書にも載っている内容ですが、実験の説明だけでもかなりの時間を費やします。そのあとに実験を行い、実験が終わると必ず自分たちで考える時間をつくり、さらに時間があれば、生徒たち自身で意見を出しながら最終結論にたどり着くというのが一連の流れです。

　こうした授業のスタイルについて、森田先生は「こちらから答えを出すのは簡単ですが、それをせずに、いかに答えにたどり着けるかということを常に意識しています」と説明されます。

　また、「実物に触れる」という点において、日本女子大附属の施設・環境は非常に恵まれていると言えます。化学、生物、物理それぞれに中学生専用の実験室があり、さらに中1は理科の授業を1クラス2展開で行うことがあるため、その授業用の教室も用意されています。

　理科の授業にキャンパス全体を利用できるのも強みです。校舎が森のなかにあるということもあり、2分野の最初の授業は校舎の外の道路脇の植物観察から始まって、森のなかの土を掘り返してみる、ということが簡単にできます。虫や動物も学校外に出なくても目にすることができるのも、現代の中学生にとっては貴重な機会です。都心にある学校とはひと味もふた味も違うこの環境が、日本女子大附属生の理科への興味を喚起するひとつの大きな役割を担っています。

　「生徒たちも『自分たちが暮らしている場所とは違うな』と思いながら通ってきていますが、それが彼女たちにとっていい環境になっています」（森田先生）

準備する力、考える力が養われる国語

　理科と、これから紹介する国語は一見すると正反対の科目のように感じるかもしれません。しかし、日本女子大附属においては、理科と国語はお互いにつながり合っている部分が多くあります。

　「国語でも理科同様に『本物に触

れる』、『そこから感じたことを話しあう』といったことを行っています」と国語教諭の河本恵理子先生は話されます。

一例として文庫本を使った授業があります。

「国語の教科書に出てくる文章は普通、長い文章の一部を使いますが、本来はそこまでにどんな人物が出てきて、どんなことが起こったかということも含めたものが本物の文章といえます。ですから、1冊をとおして内容について考えるということをしています」（河本先生）

この文庫本を使った授業は、1学期に1冊、夏休みに1冊読んできて、それを2学期に、場合によっては3学期にも行い、1年間で3冊程度行われます。

気になる授業の内容は、「準備する力」「考える力」が養われるものになっています。教員が授業のなかで文庫本について話し、生徒はノートを取る、という形ではないため、事前の準備でどのくらい読んでくる必要があるのか、そのためにはどのくらいの時間が必要なのかを自分で考えなければなりません。また、そうさせることがこの授業の目的のひとつでもあります。

「授業は扱う文庫本を読んできているという前提で進めます。まずは感想文を書かせて、その感想の共有をすることから始めます。ただ書くだけで終わらず、グループで回し読みをしたりすることで、自分以外の人が同じ本を読んでどう思ったかを知り、それを受け入れられるようにします。

1冊のなかで段階に応じて内容を分け、1時間目にひとつ目の主題、2時間目に2つめの主題、3時間目くらいで、生徒たちのなかから出てきた主題を発表してもらって、4時間目にその主題についてみんなで話しあわせたりします。『最後の場面はなぜこうなったのか』『なぜここで彼はこう言ったのか』といったことです」（河本先生）

そして、その延長線上で、生徒それぞれが書いたものを教室の外の掲示板に貼り、みんなが読めるようにしていることも非常に特徴的です。文章には個性が表れるので、「あ、この人はこんな文章を書くんだ、こんなことを考えているんだ、ということが分かります」（河本先生）。

ほかのクラス、ほかの学年の多種多様な感想文が校舎のなかにところ狭しと掲示されています。いろいろな人の文章を目にすることで、お互いのことをより知って、認めあうということにもつながっていきます。

「書く」ということは国語にとどまりません。理科の森田先生も「国

校内のいたるところに貼り出されている感想文などの掲示物

基礎学力を重視した中高一貫のカリキュラム

中学

1年	国語	社会	数学	理科	音楽	美術	保健体育	技術家庭	英語	学活・総合	書写	TOTAL
	4	3	4	3	2	2	3	2	5	$1+\frac{2}{3}$	$\frac{1}{3}$	30

2年	国語	社会	数学	理科	音楽	美術	保健体育	技術家庭	英語	学活・総合	TOTAL
	4	3	4	4	2	1	3	2	5	2	30

3年	国語	社会	数学	理科	音楽	美術	保健体育	技術家庭	英語	学活・総合	TOTAL
	4	4	4	4	$1+\frac{2}{3}$	1	3	2	5	$1+\frac{1}{3}$	30

高校

1年	国語総合	世界史B	地理A	数学Ⅰ	数学A	物理基礎	化学基礎	生物基礎	体育	音楽総合	コミュニケーション英語Ⅰ	英語表現Ⅰ	社会と情報	HR	TOTAL
	4	2	2	3	2	2	2	2	3	1	3	2	1	1	30

2年	現代文B	古典B	世界史B	日本史A	数学Ⅱ	数学B	物理・化学・生物から2科目選択	体育	保健	選択※①	コミュニケーション英語Ⅱ	英語表現Ⅱ	家庭総合	総合的学習	HR	TOTAL
	2	2	2	2	3	2	2+2	2	1	2	3	2	2	1	1	31

※①音楽Ⅰ・美術Ⅰ・工芸Ⅰ・書道Ⅰから1科目選択

3年	現代文B	古典B	倫理	政治経済	数学B	選択※②	体育	保健	英語表現Ⅱ	コミュニケーション英語Ⅲ	家庭総合	社会と情報	選択A※③	選択B※④	総合的学習	HR	TOTAL
	2	2	2	2	2	1+1	2	1	1	3	2	1	6	2	2	1	33

※②物理・化学・生物から2科目選択　※③現代文学、現代世界史、数学Ⅲ、物理発展、リーディングなど6教科25科目から3科目選択
※④児童文学、小論文、メディア論、中国語など8教科22科目から1科目選択

語の授業でこれだけ書いているから、ほかの教科でも多少なら長めでもいろいろと書かせてみよう、ということができます」と話されます。

「もちろん、入学してすぐに全員がたくさんの文章を書けるわけではありませんが、国語の授業のときに宿題でプリントを渡して、『読んできて』ではなくて、『読んできて、線を引いて、1行でも2行でもいいから感想を書いてきて』という課題を何度も繰り返していくことで、書けるようになっていきます」（河本先生）

理科・森田真先生

国語科・河本恵理子先生

日本女子大附属では、各学期と1年間の終わりに、生徒自身が自分のことを振り返って書く、という取り組みも行っています。中1は400字詰めで6枚程度ですが、中3になるとそれが14枚にも及びます。

また、国語の授業では生徒同士が意見を出しあって議論する場が多く設けられているのも特徴です。授業中に出てきた疑問に対して、賛成する人、反対する人がお互いにディベートするという機会が日常的にあるため、受け身ではなく、いつも自分たちで考えながら授業に臨むという姿勢が中学3年間で身につきます。

あるテーマに沿って、自分で考えたことをクラスメートの前で3分程度スピーチする機会もあります。

ここまでご紹介してきた理科や国語に限らず、日本女子大附属では、様々なタイミングをとらえて自分たちで考え、行動する力を養う教育が実践されています。

こうした力を基礎として、高校ではより高度で専門的な勉強を積み重ね、自分が将来したいことは何かを考え、そのために進路を選び取っていくことができるのが日本女子大学附属中学校です。

この1校!

共立女子中学校

KYORITSU GIRLS' Junior High School

東京　千代田区　女子校

中2 初の富士宿泊研修実施

共立女子では中2から中3でもクラス替えを行うことになりました。そこで中2クラスでの絆を深めるため富士宿泊研修が企画され、この6月に初の実施となりました。

川本利孝学年主任

驟雨、晴雨、細雨、白雨、風雨、雷雨。様々な雨を経験した宿泊研修でした。

富士スバルラインの閉鎖により2日目に予定していた富士山五合目の御中道散策を断念。青木ヶ原樹海体験に変更しただけで、他のプログラムは実施できました。すべての活動が雨の中でしたが、大きな事故もなく目標を達成できたことに安堵の胸をなでおろしています。

今回は学年全8クラス一斉の宿泊行事という私たちにとって初めての経験でしたが、生徒たちがよくやってくれたことに感謝しています。昨年度の蓼科研修旅行同様、食事や入浴、諸活動での集合時間など、そのすべてで時間をきちんと守ることができたのは立派でした。

様々な活動を通じて、本校が育てたい4つの力―人間関係力・計画行動力・情報活用力・問題解決力―が多少なりとも向上したのではないかと自負しています。

また、個人スピーチを通して自分や友人を知ることで、お互いの絆もより深まったように思います。共立での活動を経験して生徒一人一人が大きく成長していくことは、私たち教員にとって大きな喜びでもあり、またそのお手伝いをすることは愉快な義務でもあります。

年間の日照時間では上位の山梨県で、活動した全部が雨というのは、見方によっては幸運だったのかもしれません。

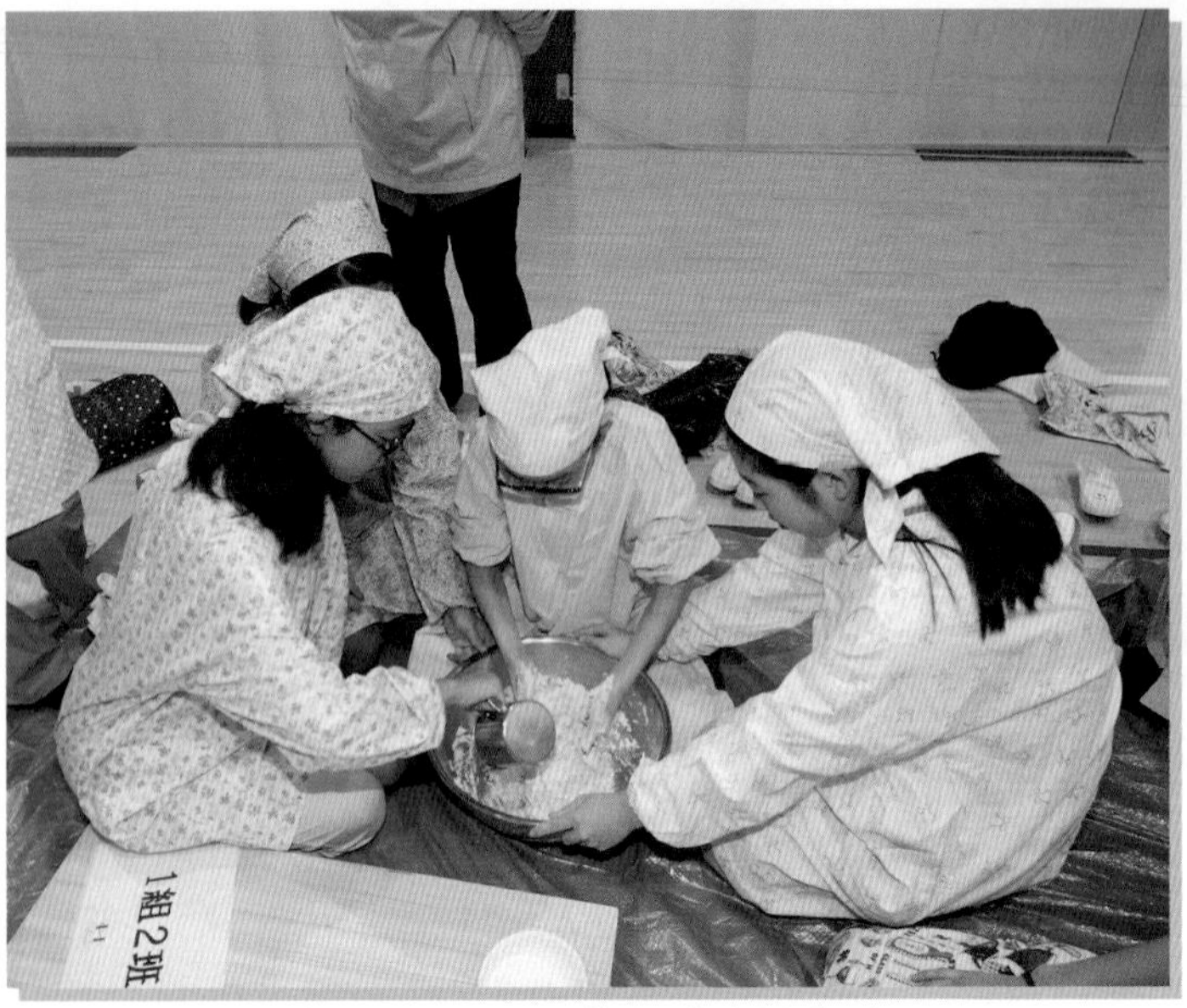

粉をこねるところから始める「ほうとう作り」

2年1組担任・学年副主任 広川二郎教諭

あいにくの天候で予定変更が相次ぎ、富士山の麓まで行きながら富士山を一度も見ずに終わった宿泊研修でしたが、生徒は与えられた環境の中で充分に楽しみ、また多くの体験活動を通じて成長してくれたと思います。

最初の「ほうとう作り」では粉をこねて踏むところから班員で協力しあい、できたものを一緒に食べることを通じて班に連帯感が生まれました。「ナイトハイク」では暗い中クラス全員が前の人の服の一部を

一体感を高める「ナイトハイク」

School data!

共立女子中学校

KYORITSU GIRLS' Junior High School

所 在 地■東京都千代田区一ツ橋2-2-1
アクセス■都営三田線・新宿線・地下鉄半蔵門線「神保町」徒歩３分、地下鉄東西線「竹橋」徒歩５分、JR線「水道橋」徒歩15分
生 徒 数■女子のみ993名　電話■03-3237-2744

持って1列数珠つなぎで歩き、クラスの絆が深まりました。「樹海体験」では森の中を歩くという特殊な状況下で隣の生徒との距離を縮め、「チームビルディング」では複数のゲームを通じて班員の団結が高まりました。

すべての体験活動は出席番号で分けた班単位でおこなうので、普段あまり話さない生徒とも組むわけですが、特に「チームビルディング」では互いに意見を出しあってまとまって取り組まないとクリアできないゲームが多く、やっているうちにずっと以前からの仲良しのような関係になっていきました。

そして2日目の夜に班ごとに発表準備を進め、最終日午前のHRで発表するのですが、これも予想以上に素晴らしいものでした。他クラスの担任も、宿泊研修後は目に見えてクラスのまとまりが良くなったと実感しています。

ホームルームの３分間スピーチ「自分について」

津田萌子さん（班長）

私が今回の富士宿泊研修で班長として学んだこと、それは「まとめることの大変さ・大切さ」です。

自分も含めて11人という大人数を1つにまとめなければならず、班員一人一人に気を配り、先生方からの指示を的確に伝えることはとても大変なことでした。しかし、班長の私がそれをやらなければ、「ほうとう作り」にしても「チームビルディング」にしても、なんとなくはできたとしても、まとまりもできなかったと思います。去年までも班長などまとめ役をしたことはありますが、ここまで大切さを感じることはありませんでした。これからは後々のことまで考えながらどんなことでもしっかり実行していきたいです。

美原幸恵さん（部屋長）

富士宿泊研修の部屋長として私は「責任感」を学びました。部屋長の仕事は宿舎にいる間、部屋員をまとめることです。その中でも大事な仕事は部屋長集会での先生方からの指示を部屋員に伝えることでした。ここできちんと部屋員に伝えられないとみんなが困ってしまい、楽しく宿泊研修が過ごせなくなってしまうので、確実に伝えるよう気をつけました。また、食事は部屋ごとにとるので、食事場所に行く前に時間を決めて部屋にいてもらうように前もって伝えるなど、移動がスムーズにできるよう工夫しました。このように今回の宿泊研修で私はみんなをまとめるという「責任感」が身につき、その後も常に時間を意識して行動するように心がけています。

ゲームを通じて絆を深める「チームビルディング」

桐朋中学校・高等学校

所在地：東京都国立市中3-1-10
アクセス：JR中央線「国立駅」・JR南武線「谷保駅」徒歩15分またはバス
電　話：042-577-2171
U R L：http://www.toho.ed.jp/

全員集合

部活に注目!

中高合同で活動し、合宿にはOBも参加するという先輩・後輩の仲がいい桐朋中学校・高等学校の将棋部。初心者でも先輩が教えてくれるので安心です。部員は、本やテレビで攻め方を学び、実践を重ねています。

▲左から窪田さん、水田さん、森さん

桐朋《とうほう》中学校・高等学校

将棋部

中学主将
中学3年生　水田《みずた》和志《かずし》さん
中学3年生　窪田《くぼた》尚道《なおみち》さん
中学3年生　森《もり》裕介《ゆうすけ》さん

大会で練習の成果を実感 集中力と粘り強さがカギ

――将棋部の活動について教えてください。

水田さん「活動日は火曜日・木曜日・土曜日の週3日で、約2時間対局をしています。対局とは将棋を指すことです。中高合同で活動しているので、中学生同士だけでなく高校生とも対局をします。

個々の強さを知るために部内でトーナメントも行っています。5つのランクに分けていて、現在それぞれ5、6人です。

桐朋祭では、来場者同士や、来場者と部員が対局できる場所を設けます。小学生で将棋を指せる子がいて驚きました。

春と夏の長期休暇には合宿に行きます」

――部内の雰囲気はどうですか。

▼合宿での集合写真。

Shogi club

合宿の様子
OBの先輩も参加する合宿。
先輩との対局は勉強になります。

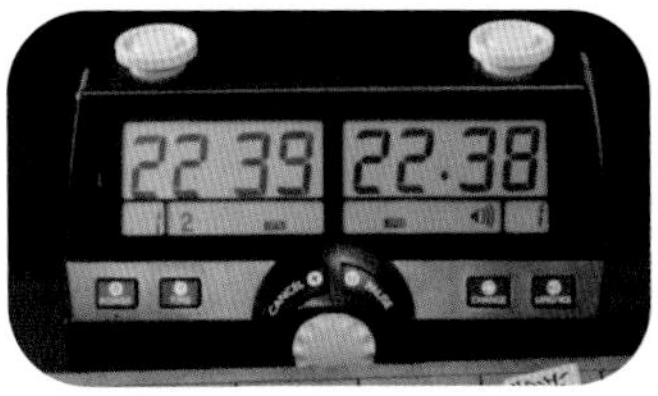

▲持ち時間を計るタイマーです。

▶この王将を取ると勝ちです。

▲対局を始めるときの駒の並べ方は決まっています。

窪田さん「先輩と後輩の仲がとてもいいです。卒業した先輩も合宿に参加してくれます。合宿では、対局だけでなくサッカーやバスケットボールなども親睦を深めています」

——将棋について教えてください。

窪田さん「将棋は、9×9マスの盤の上で8種類の駒を動かす1対1のゲームです。

駒は種類によって動かし方が決まっており、自分の駒を動かして相手の駒の上に置くと、それを自分のものにすることができます。最終的に相手の王将または玉将という駒を取った方が勝ちです。王将と玉将はどちらも同じ動きをしますが、対局する2人のうち、強い方が王将、挑戦する方が玉将を使います」

水田さん「試合によって、駒を指す制限時間が決まっており、それを持ち時間と言います」

——将棋の魅力は何ですか。

森さん「やはり勝てた時はうれしいです。勝つとそれまで練習を積み重ねてきた成果が発揮されたと実感します。また、たとえ攻め込まれていても王将（玉将）を取られるまで負けではないので、諦めずに逆転のチャンスを狙えるところも魅力です」

——初心者は多いですか。

窪田さん「部員は初心者と経験者が半々です。先輩に教えてもらえるので初心者でも大丈夫です。ぼくは自分でも本やテレビで勉強しています。ほかにも、家の近くに将棋をする道場があるので、そこで経験を積んでいます」

——大会はありますか。

水田さん「年に5回ほど参加します。中学生だけの大会や高校生と合同のもの、個人戦や団体戦など様々です。6月には、文部科学大臣杯という大会に参加しました。接戦のすえに勝てた対局があり、とても印象に残っています」

——読者へメッセージをお願いします。

森さん「受験は大変だと思います。つらいときは目の前のことだけでなく、受験が終わったあとに待っている部活などの楽しい中学校生活を考えてがんばってください」

▲部内で常に対局を行っています。

Yamawaki Renaissance

躍進！山脇ルネサンス

最高品質の教育施設をつくり、最高水準の教育を行います。

躍進する山脇ルネサンス

山脇学園は、創立以来受け継がれてきた「女性の本質を磨き、いつの時代にも適応できる教養高き女性の育成」という建学の精神を大切に継承し、女子教育にあたってきました。これを礎としながら、現代社会の要請に耳を傾け、21世紀で活躍できる女性の育成を目指した、新たな針路が「山脇ルネサンス」です。現代社会で活躍できる女性の力を「自己知・社会知」をベースとした「学力」「自己啓発力」「協働力」とし、これらの力を有機的に育む様々な教育プログラムと、これを実現する新しい施設が次々と完成しています。

志を育む2つのアイランドと教育プログラム

山脇学園では、生徒一人ひとりの自己知と社会知の上に、現代社会の様々な課題の解決に挑戦し、社会に貢献しようとする〝志〟を育てることを、大きな教育目標としています。中1～高2の総合学習では、明確な目標を定めたプログラムを実施し、大学での学びへの意欲を身につけるとともに、自分の特性を認識した上で、確固たる信念をもって進路決定ができる生徒を育てています。

この柱となるのが、「イングリッシュアイランド（EI）」と「サイエンスアイランド（SI）」という2つの施設での教育プログラムです。

EIとは、英語圏の文化を感じさせる特別な空間にネイティブが常駐し、留学して学んでいる環境を疑似体験しながら英語力を磨き、国際交流活動を行う施設。中学ではここで行う「イングリッシュアイランドステイ」という英語コミュニケーションの授業で、毎時間グループワークやプレゼンテーションなどを通して、生きた英語を身につけています。放課後にはEIでネイティブとの交流や様々なイベントを実施し、時には外国人留学生も遊びに来てくれて、楽しい国際交流の場となっています。このEIで、中3希望者を対象に「英語チャレンジプログラム」が実施されています。将来国際社会で活躍する志を持つ生徒たちのHRクラスをEI内に設置し、日常生活をできる限り英語で行うことで英会話力を飛躍的に向上させるプログラムです。この1年間の成果を試すために、3月にはイギリスへの語学研修旅行を実施します。他に高1でオーストラリア研修旅行や高2でのアメリカ短期留学など、語学研修も充実の一途を辿っています。

またSIとは、科学的探究心を育む広大な実験・研究エリアで、中学生はここで「サイエンティスト」という実験の授業を行っています。屋外実験場のほか、新たに充実した実験装置を備えた、生物・科学系の2つの継続実験室も完成しました。今年度よりこのSIで、高度理系専門職への志を持つ

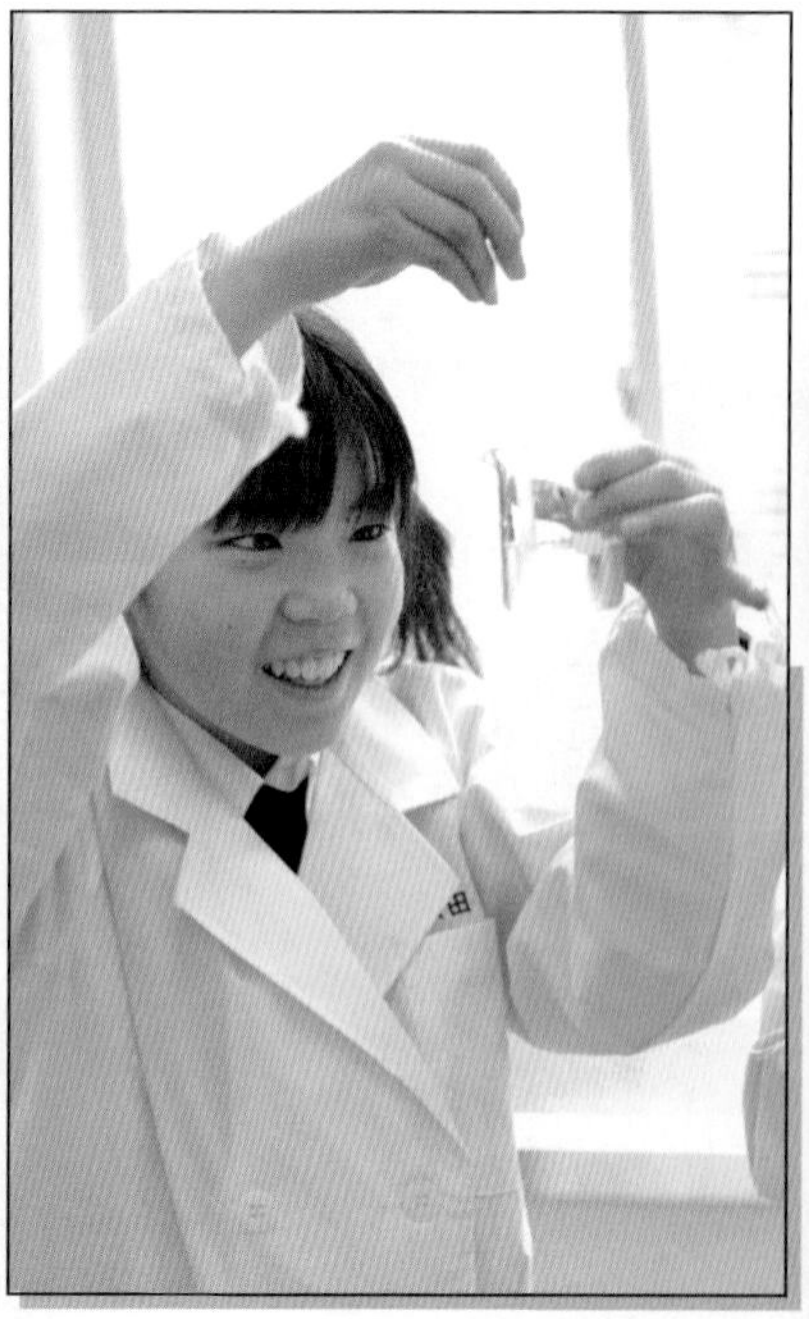

山脇学園中学校・高等学校

YAMAWAKI GAKUEN Junior High School

中3の希望者を対象とした「科学研究チャレンジプログラム」がスタートしました。参加生徒は、グループごとに定めたテーマを深める研究活動や、大学と連携してのSPP（サイエンスパートナーシッププロジェクト）を行い、実践を積んでいます。また、このプログラムの一貫として、5月に「西表（イリオモテ）野生生物調査隊」として西表島での調査活動に参加しました。この調査活動での生物種の同定を通して、自然科学全般に通じる思考方法を身につけることができました。

このように、2つのアイランドは、自分の適性を知り、将来への架け橋となる生きた学習ができる環境であり、ここでの教育プログラムは次々と広がりを見せています。

自学館と 自学自習力養成プログラム

現代社会で活躍するためには、自ら知識を得、生涯にわたって学び続ける力や能動的な学習姿勢が不可欠と考え、山脇学園では自学自習力を養う施設やプログラムを整えました。一昨年完成した「自学館」は、図書館・進路学習情報センター・自習室の3つの機能を持ち、生徒が自らの志を立ててその実現に向けて努力する場としてつくられました。進路学習指導の教員が常駐しており、毎日夜7時まで学習できる環境は、生徒に大いに活用されています。

また時間割の中に組み入れられた「自学自習の時間」は、生徒たちが自らの課題設定により、学習方法や時間管理を身につける時間として定着し、着実に成果を上げています。

スクールライフの改革

中学高校の6年間は、毎日殆どの時間を学校で過ごすことになります。学校は生活の場である、という考えから、スクールライフの改革も推進しています。生徒が毎日着る制服には、日本初の洋装の制服である伝統のワンピーススタイルを踏襲しつつ、新しいアイテムを加えました。ブレザー・セーター・ベスト・リボン・ダッフルコートなど、季節自由制とし、寒暖や好みに合わせて着こなしが選べるとあって、生徒からは好評です。

また、一昨年秋に完成したカフェテリアも、セレクトランチやビュッフェ形式のランチなどのランチスタイルが、生徒や忙しい保護者の方に好評です。憩いの場としても、放課後に多くの生徒が集い、おしゃべりや軽食を楽しんでいます。

新校舎Ⅰ期工事で昨年10月末に完成した教室エリア（高校）には、くつろぎスペースを配置し、従来の学校建築にはなかった生活空間を実現しています。中学の教室エリアも、今年度中の第Ⅱ期工事で完成します。ますます充実するスクールライフにどうぞご期待ください。

【School Data】

山脇学園中学校・高等学校

所在地	東京都港区赤坂4-10-36
アクセス	地下鉄銀座線・丸ノ内線「赤坂見附駅」徒歩5分、地下鉄千代田線「赤坂駅」徒歩7分、地下鉄有楽町線・半蔵門線・南北線「永田町駅」徒歩10分
TEL	03-3585-3451
URL	http://www.yamawaki.ed.jp/

私学の図書館

ただいま
貸し出し中

みなさん、読書は好きですか？私学の図書館では毎号、有名私立・国立中学校の先生方から「小学生のみなさんに読んでほしい本」をご紹介いただいています。ぜひ一度、手にとって読んでみてください。

お茶の水女子大学附属中学校

京セラやKDDIを設立し、日本航空の再建に取り組んだ著者の幼少からの実体験で、挫折を繰り返し努力して成功するまでが書かれている。諦めない地道な努力が夢を実現。「世のため、人の為に」という考え方、心の持ち方、正しい生き方を考えさせてくれる。

（図書館司書　野村 朝子 さん）

「君の思いは必ず実現する」

著　者：稲盛和夫
価　格：800 円＋税
発行元：財界研究所

人生に迷ったときぜひこの本を読んでください。京セラ、KDDIをつくりあげ日本航空の再建に取り組む稲盛和夫が学生、新社会人、経済人に訴えたいこと。
2004年4月の発刊以来、十二刷を重ねるロングセラー、待望の新書判化！（2010年5月発売）

使える楽しい学校図書館を目指し、自主研究や各教科で使用する図書館資料支援、毎月のテーマや各教科で図書館資料を活用した生徒作品を展示。図書情報委員のイベントでは年4回DVD上映会・生徒祭で古本市を開催。春・秋の読書週間で教員・生徒による本紹介実施。

江戸川学園取手中学校

ことばについてはいろいろな人がいろいろなことを書いていますが、この本が一番わかりやすいのではないでしょうか。身近な話題を平易な言葉で取り上げていますが、内容には深みがあります。古典的な本ですが、ことばの入門書としての価値は十二分にあります。

（中等部国語科　篠田 正宏 先生）

「ふしぎなことば ことばのふしぎ」

著　者：池上嘉彦
価　格：1,200 円 + 税
発行元：筑摩書房

「ことば」はふしぎなもの？あまり「ふしぎ」という感じはしませんね。でも、私たちのまわりにはことばのふしぎな世界がいっぱいあるのです。

蔵書は約35,000冊。自然科学棟の4階に位置し、中高どちらの生徒も利用できます。窓が大きく、豊かな自然光が差し込み、落ち着いた雰囲気で読書できます。夕方の空に浮かび上がる富士山の姿も格別。自宅から蔵書を検索することもできます。

中央大学附属横浜中学校

山深いの神社に生まれた鈴原泉水子。髪の長い内気な女子中学生。ある日前髪を切った。そのとき封印が解かれる。進学をした高校では、ルームメイトや同級生に山伏や戸隠忍者、陰陽師の家系の者がそろう。そして泉水子の大いなる力とは。一瞬、深山の木と苔のにおいを嗅ぐような不思議な世界が展開します。（全6巻）

（入試広報部長　蛭間 佳昭 先生）

「RDG レッドデータガール はじめてのお使い」

著　者：荻原規子
価　格：552 円 + 税
発行元：角川文庫

世界遺産の熊野、玉倉山の神社で泉水子は学校と家の往復だけで育つ。高校は幼なじみの深行と東京の鳳城学園への入学を決められ、修学旅行先の東京で姫神という謎の存在が現れる。現代ファンタジー最高傑作！

明るい日差しが降り注ぐ図書室の蔵書は約28,000冊。「読みたい気持ち」を大切に、生徒からのリクエストを積極的に受け付け幅広い蔵書を心がけています。本と向き合うだけでなく、学習コーナーには熱心に自習に取り組む生徒の静かな熱気が満ちています。

八雲学園中学校

今年の入学前、宿題課題図書にもなった本です。2009 年長崎五島列島のとある中学校合唱部を舞台とした物語で、指導にあたる先生から「15 年後の自分に向けての手紙」を書くように言われ、手紙の中には、わくわくするような沢山の秘密が込められます。

（国語科　横田 真木子 先生）

「くちびるに歌を」

著　者：中田永一
価　格：1,500 円 + 税
発行元：小学館刊

合唱部顧問の松山先生は産休に入るため、中学時代の同級生で東京の音大に進んだ、美しすぎる臨時教員・柏木に、1年間の期限付きで合唱部の指導を依頼する。

それまでは、女子合唱部員しかいなかったが、美人の柏木先生に魅せられ、男子生徒が多数入部。ほどなくして練習にまじめに打ち込まない男子部員と女子部員の対立が激化する。夏の県大会出場に向け、女子は、これまで通りの女子のみでのエントリーを強く望んだが、柏木先生は、男子との混声での出場を決めてしまう。

2011年、生まれ変わったメディアセンター。2階の図書館は、木のぬくもりを感じさせる館内は、書架けと共に自習スペースが44席設置されています。防音効果抜群の静かな環境の中で、放課後は、落ち着いて勉強や、読書の世界に没頭できます。

横浜女学院中学校

いきものに接すると人はすこしやさしくなり、その死にであえばちょっぴり大人になります。子どものころからいきものが好きだったというさくらももこさんのエッセイ。さくらさんのいきものの思い出は、とっても愉快でおもわず笑ってしまうはずです。

（国語科主任・図書委員会顧問　吉田 峻 先生）

「ももこのいきもの図鑑」

著　者：さくらももこ
価　格：560 円 + 税
発行元：集英社文庫

大好きな生きものたちとの思い出をやさしく鋭く愉快に綴ったオールカラーの爆笑エッセイ集。（解説・えのきどいちろう）

全校生徒が「年間読書10,000ページ」に挑戦する横浜女学院の図書室は本館校舎の2階にあります。約20,000冊の蔵書にくわえ、雑誌・新聞コーナーあり。放課後や土曜日に自習室として利用する生徒も多いのが特徴です。図書委員会の生徒が月ごとに本の紹介を行っています。

本郷中学校

井上靖の自伝的な色彩の濃い小説です。梶鮎太という人物の少年期、青年期、そして新聞記者としての人生の歩みが語られていくなかで、人間の感性が織りなすドラマが描かれていきます。小説を読むことの奥深さと魅力を静かに語りかけてくれる作品です。

（国語科　木村 友彦 先生）

「あすなろ物語」

著　者：井上　靖
価　格：490 円 + 税
発行元：新潮文庫刊

天城山麓の小さな村で、血のつながりのない祖母と二人、土蔵で暮らした少年・鮎太。北国の高校で青春時代を過ごした彼が、長い大学生活を経て新聞記者となり、やがて終戦を迎えるまでの道程を、六人の女性との交流を軸に描く。明日は檜になろうと願いながら、永遠になりえない「あすなろ」の木の説話に託し、何者かになろうと夢を見、もがく人間の運命を活写した作者の自伝的小説。

平成２６年２月に完成した２号館の２階に設置され、明るく開放的な空間となっています。隣にはラーニングコモンズ（学習するために生徒が集う共有スペース）も併設されており、調べ学習やグループ学習など様々な学習形態に対応できる新しい学びの場となっています。

東京農業大学第一高等学校中等部

脱皮する生き物は意外と多い。でもその瞬間を見た人はいないのではないでしょうか。さまざまな生き物の脱皮写真集に驚きと生命の不思議さを感じることでしょう。なぜ脱皮するんだろう？と思ったら、もうそこは生物学への入りロ。監修は昆虫博士（当校長）です。

（図書館司書　水村 里都代 さん）

「脱皮コレクション」

監　修：岡島秀治
価　格：1,400 円 + 税
発行元：日本文芸社
※品切れ重版未定

自分が脱いだ皮をパクパク食べる！…ニホンアマガエル、きらきらと透き通る精巧なガラス細工のよう…ベッコウガガンボ、蛹からひょっこりとのぞく愛くるしい眼…キイロショウジョウバエ、脱いだ瞬間に食べられてしまう！？…アメリカザリガニ。初の「脱皮」写真集。

屋上庭園があり、天井が高く開放感あふれる図書館です。蔵書数は約50,000冊。心の涵養としての読書も大切ですが、森羅万象に興味を持ってもらえるような本の収集にも力をいれています。特に自然科学系の本は多く、生物部や化学部の生徒がよく利用しています。

Jissen Joshi Gakuen Junior & Senior High School

実践女子学園 中学校 高等学校

東京 ／ 渋谷区 ／ 女子校

『3プラス1』の成果

渋谷駅から徒歩10分、表参道駅から徒歩12分の閑静で緑豊かな文教地区に位置する実践女子学園中学校高等学校。周辺には青山学院、国学院大学、常陸宮邸などがあり、安全で快適な教育環境が保たれています。

大学合格実績の充実

『3プラス1』による実践女子学園の学力改革の目的は、授業、学校行事、クラブ活動、生徒会活動など、すべての教育活動を通して、受動的学習による知識のインプットと、能動的学習による知識のアウトプットを縦糸と横糸のように組み合わせ、学力と知力の相乗効果によって生まれる実践的学力の養成です。

その成果の一つとして、下表グラフにあるように、ここ数年、飛躍的に伸びている難関大学への合格実績が挙げられます。

2014年度においては、早慶上理の合格実績は前年比で27％の増加、G−MARCH以上の合格実績280人は3年前の3倍にも増加しており、この結果こそ、これまで実践女子学園が推し進めてきた『3プラス1』による総合的教育力の成果といえます。

また、実践女子学園の『知力への昇華を目指す学力改革』において、大学受験というハードルは、受験だけで終わらない知識習得の貴重な機会だと捉えており、「25年後の私」を実現するための人間力の基礎となると考えています。

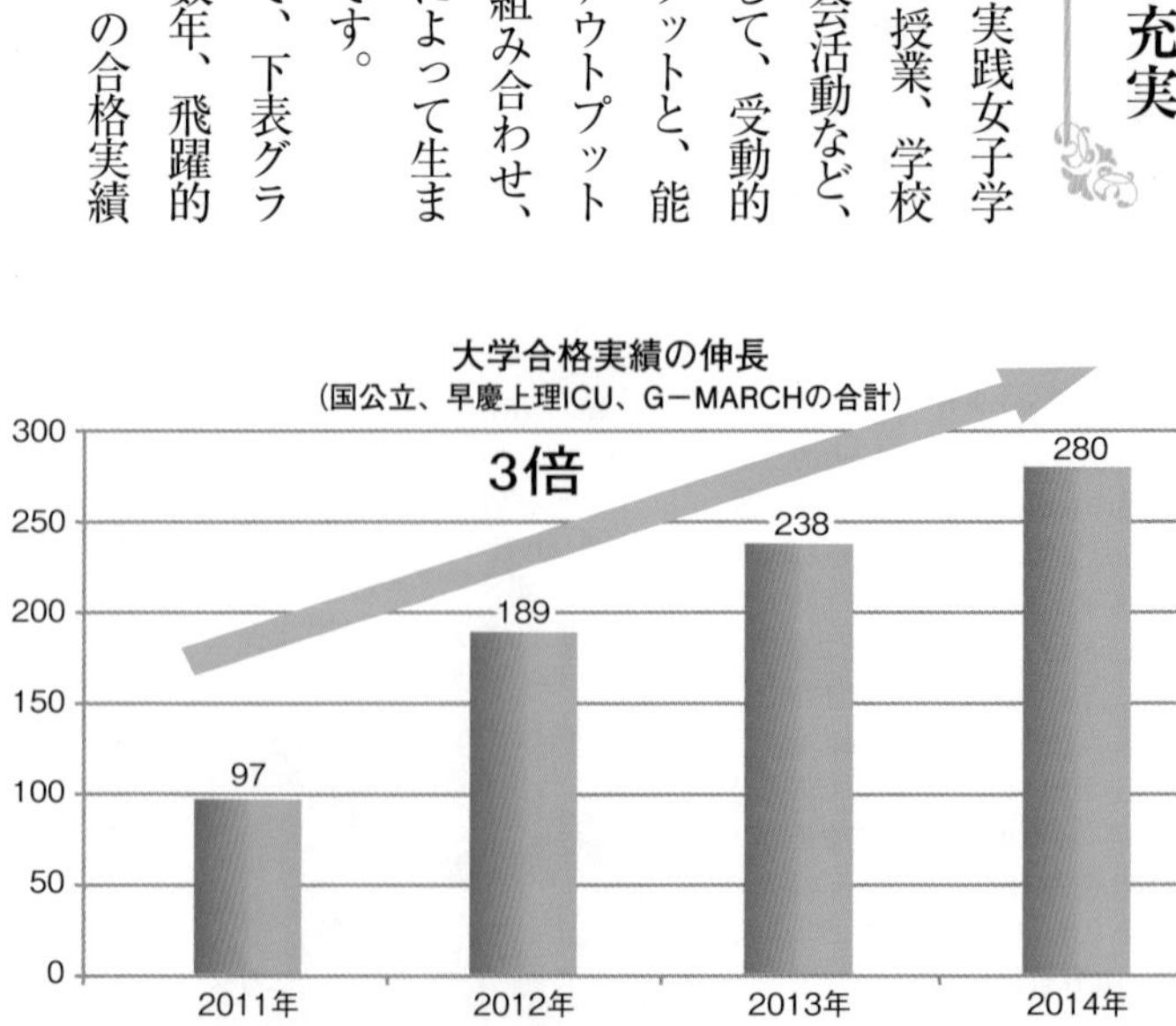

多様化する進路選択

大学合格実績の伸長と同時に、近年は理系分野への進路希望者が増加傾向にあります。2014年度入試では、さらにこの傾向が高まり、理・工・バイオ・医療・保健・看護などの分野の合格実績の増加が顕著に現れました。

また、社会への関心の広がりから、経済・商・経営・国際関係などの分野への志望も増加しています。

　このような進路選択の多様化は、伝統的女子教育の成果を踏まえ、「25年後の世界と私」を考えることを目標としたキャリア教育の推進によりもたらされたものです。

　特に、キャリア教育の一環として、高校1年生の前期に制作する「25年後の世界と私」のレポートは、自らのライフデザインを実現するための重要な基礎となり、生徒の心に深く刻み込まれます。


『25年後の世界と私』～社会との関わりから～

「社会的テーマの調べ学習」の内容	社会的課題の解決と私のデザイン（要旨）
「未来の医療と少子高齢化」 25年後の医療は「病気になったら治療する」から「発症を予測し、抑え込む」医療へと転換し、健康寿命が延長する。	医療の進歩による健康寿命の延長は、社会保障費の削減や雇用問題の解決とも関連している。私は、日本が元気で活発な豊かな国になることを意識して社会で働く。
「法律家になり人々を幸せにする未来」 他人の人生を左右するような判断をする裁判に冤罪が多い。法に基づいた罪を裁くための仕事を道筋立てて理論的に担う必要がある。	検察官になり、誠意をもって取り組み、冤罪事件だけは起こしてはならない。公平、公正に物事を判断できるような人間になりたい。一人でも多くの人を幸せに導けるような人間になりたい。

課題探究学習の成果

『3プラス1』のもう一つの成果として、外部プログラムへの積極的な参加とその実績が挙げられます。特に、国連大学で行われる「全日本高校模擬国連大会」では、２０１１年～２０１３年にわたり3年連続で優秀賞を受賞し、毎年5月にニューヨークで開催される国際大会に日本代表（6チーム）の1チームとして派遣されています。模擬国連は、高い英語力はもちろんのこと、コミュニケーション力、プレゼン力、課題解決力、リーダーシップなど、総合的な人間力が問われます。このような大会で、実践女子学園が3年連続で優秀賞を獲得しているのは、まさに「3プラス1」教育の成果が顕著に表れている例と言えます。なお、２０１２年に日本代表になったチームは国際学級ではなく一般学級の生徒たちだったことから、実践女子学園の英語教育が非常にハイレベルなものであることが伺えます。

　また、もう一つのユニークな取り組みが「クエストカップ全国大会（企業プレゼンテーション部門）」への参加です。実在の企業から出されたミッションに答えていくもので、１年間の取り組みを企業にプレゼンテーションします。２０１０年のグランプリ受賞を始めとして、２０１１年企業賞、２０１２年優秀賞と毎年素晴らしい成果を挙げています。

ユニークな合否判定

　実践女子学園の入試は、ＳＪＣとＧＳＣに、それぞれ帰国生入試と一般入試があり、出題傾向や難易度はすべて同等です。海外生活が長く、高い英語力をもつ生徒にはＧＳＣが向いていますが、そういう生徒がＳＪＣを受験する例も少なくありません。帰国生入試の志願者が多いことでも知られており、毎年１００名を超える帰国生志願者を集めています。

　また、合否判定の特色として「いいとこ取り判定」があります。これは、ＳＪＣの第1回入試と第2回入試を同時出願した場合、第2回入試の判定においては、第1回入試と第2回入試のうち各科目の高い方の得点の合計で合否を判定します。これは実践女子学園を第一志望とする受験生にとっては大変有効な判定方法です。

　２０１４年4月に、日野にあった実践女子大学文学部と人間学部、および短期大学の一部が、中高と隣接する渋谷キャンパスに戻ってきました。これにより、高大連携がさらに活発になり、より充実した教育が生み出される環境が整いました。

実践女子学園
中学校高等学校
Jissen Joshi Gakuen
Junior&Senior High School

〒150-0011
東京都渋谷区東1-1-11
TEL.03-3409-1771
FAX.03-3409-1728

《学校説明会》
10月4日(土)　13:00～15:30
11月8日(土)　13:00～15:30
12月13日(土)　10:30～12:30
1月17日(土)　10:30～12:30
《運動会》
10月11日(土)　8:40～15:00
《ときわ祭》
10月25日(土)・26日(日)
9:00～16:00
※両日とも進学相談室を開設

ココロとカラダの特集

身体の成長が著しい小学生。
心のなかも、さまざまに揺れながら伸びようとしています。
ついつい大人の目で見てしまいがちな
子どもたちのココロとカラダ。
ちょっと立ち止まってゆったり向かい合ってみませんか。

写真◉越間有紀子

シリーズ 子どもを伸ばす子育てのヒント 2

親から子どもに大事な言葉を届けるための方法

子育てはちょっとした工夫でうまくいくことがあります。子どもが言うことを聞かないという悩みも、親子のコミュニケーションという側面から検討してみると、解決の糸口が見つかりそうなのです。臨床心理士の的場永紋さんに、コミュニケーションにとって大事なことは何か、そしてそれを親子の会話に当てはめると、どういうことがいえるのか、語ってもらいました。

写真◉越間有紀子

的場永紋 まとば・えいもん

臨床心理士。東京都スクールカウンセラー。草加市立病院小児科、越谷心理支援センターでも心理相談を行っている。

子育てで親が困ることの1番は、子どもが言うことを聞いてくれないことではないでしょうか。「もうゲームはやめなさい」「片付けをしなさい」「宿題はちゃんとやったの」と口を酸っぱくして言っても、子どもは知らんぷり。なぜ、言うことを聞いてくれないの、とイライラしてしまいます。

どうして、子どもはこんなに、親の言うことを聞かないのでしょうか。ひとつは親の側に勘違いがあるのです。それは、「良いことを言えば、立派なことを言えば聞いてくれるはずだ」という思い込みです。あるいは、「耳障りのいいことを言えば、相手は聞いてくれる。理解してくれる」という考え、これも間違いです。

そもそも、言うことを聞いてくれないときというのは、こちらの言葉が子どもに届いていないときです。つまり、相手がこちらの言葉を受け取ろうという気持ちがないということなのです。そういう相手にいくら良い内容を言ってもムダです。2人の間でコミュニケーションがうまく成立していないのです。

コミュニケーションとはキャッチボールのようなもので、お互いがボールを受け取ろうという気持ちを持たなければ成立しません。子どもの力を伸ばしていこうとしたら、また子どもをより良い方向に導いていこうと思ったら、親ができることは、まずは言葉を子どもに受け取ってもらう工夫をすることです。

コミュニケーションは内容と文脈で成り立つ

それでは、子どもに言葉を受け

親から子に届くのは　内容10%文脈90%

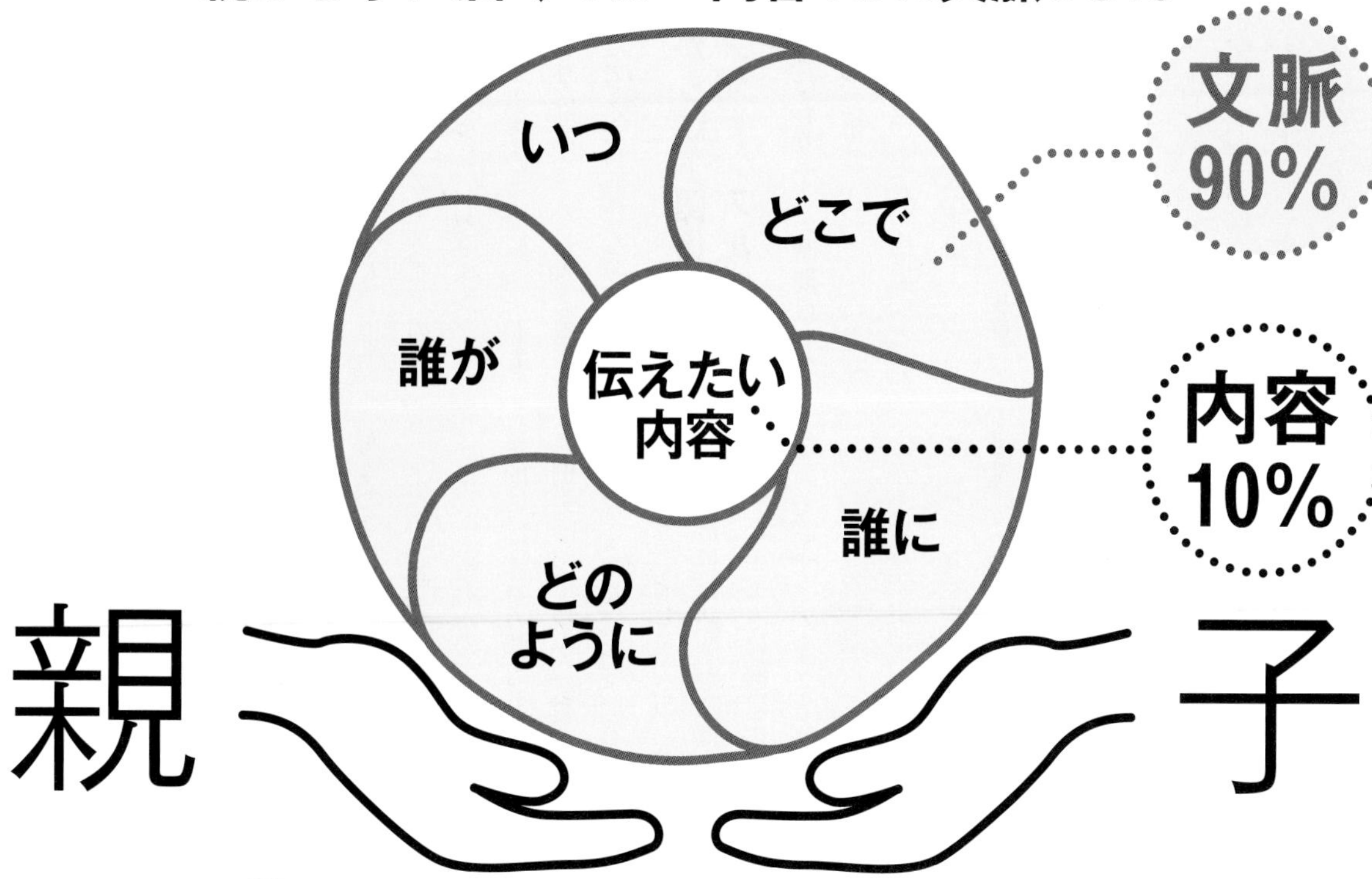

取ってもらうためには、どうすればいいでしょうか。それには、コミュニケーションの性質を理解しておくことが役に立ちます。

コミュニケーションについて、意外に理解されていないのが、コミュニケーションには内容と文脈があるということです。

内容はまさに伝えたいこと、言葉そのものです。しかし、内容を伝えようとしたときに、その前後には、様々な文脈がついてまわります。具体的には、「いつ、どこで、誰が、誰に、どのように」伝えようとしたかということなどです。

コミュニケーションの理論では、相手が受け取る情報全体のなかで、内容は10%ぐらいで、文脈が90%と考えられています。内容よりも文脈からより多くの情報を受け取っているのです。ですから、内容がいくら良くても、90%を占める文脈から相手が否定的なメッセージを受け取れば、相手は言葉（内容）を受け取りません。

内容よりも文脈を変え効果が得られることが

内容さえよければ、内容さえしっかりしていれば、相手に伝わるはずだと考えるのは、大きな間違いなのです。また、伝えた内容が同じであっても、この文脈「いつ、どこで、誰が、誰に、どのように」ということが違うと、伝わり方はまったく違うものになってしまいます。

具体的な例で説明しましょう。学校から帰宅して、宿題をやらずにゲームばかりをしている子どもがいるとします。

このとき、親が子どもに伝えたい内容は「いつまで、ゲームばかりしているの。勉強しなさい。いつも言っているでしょ」ということです。では文脈はどうなるでしょうか。

「いつ」帰宅して時間がたち、宿題をせずに、ゲームしているとき
「どこで」居間で
「誰が」母親が
「誰に」子どもに
「どのように」大声でイライラして感情的に

この文脈で内容（言葉）が子どもに届いて勉強を始めれば、問題ないです。しかし、子どもは「うるさいなー、今やろうとしたところだよ」と言いつつ、ゲームを続け、母親は途中だった夕食の支度に追われ、しばらくして、再び、母親が「いつまでやっているの」と怒鳴ると、子どもは「わかっているよ。うるさい」と繰り返すことになるのではないでしょうか。

母親は次の日、伝える内容を変えたら聞いてもらえるかと思います。それで、「宿題をやらないとダメでしょう。勉強がわからなくなるといけないし、そうなったら将来、大変よ」という説得の内容を考えます。でも、内容を変えただけではたいして効果はないのです。

この場合、内容よりも文脈を変えることで、効果が得られることがあります。

「いつ」子どもがのんびり、リラックスしているとき、
「どこで」自宅ではなく、外食先などで
「誰が」母親だけでなく、父親も一緒に
「誰に」きょうだいも一緒に

「どのように」静かに、ゆっくり語りかける

このように文脈を変えてみて、内容が伝わるかどうか試してみることが大事です。伝わらなかったら、再び文脈を変えてみればいいのです。

これが正しい文脈だというものはありません。あくまでも、相手に合わせたオーダーメイドのコミュニケーションであるべきです。そのため、以下のように、子どもが言葉を受け取ってくれる文脈をその都度考えなければなりません。

日頃から親子関係のメインテナンスが必要

「いつ」（伝わりやすい時間はいつか）＝困った事態が起こったときではないとき、お互い冷静なとき、相手が話かけてきたとき

「どこで」（伝わりやすい場所はどこか）＝居間で、子どもの部屋で、外で［公園、レストラン］

「誰が」（誰が伝えると伝わりやすいか）＝母親、父親、きょうだい、祖父母、おじおば、親戚、先生、友人、先輩、あこがれの人

「どのように」（どのような伝え方だと伝わりやすいか）＝話し方［感情的に叱る、冷静に、淡々と話す］、声の調子［大きさ］、話す速度、姿勢、立ち位置・目線［上から、下から、平行］、やり取りの方法［直接言葉で、メール、手紙］

普段とは全く異なった文脈にする方法としては、「家族会議」もあります。改めて家族全員で真面目に話すということで、様々に文脈が変化するので、意外に効果があったりします。

また、「誰が」「誰に」「どのように」伝えるかの工夫として、間接的に伝える方法もあります。

例えば、母親が「お父さんが最近勉強をがんばっているなってほめてたよ」と伝えたり、母親が父親に「最近、勉強がんばっているのよ」と子どもに聞こえるような場所で話すといったことです。

「どのような順番で」言葉を届けるかという工夫で、「イエス・セット（Yes Set）」という方法もあります。これは、こちらが言うことを相手がうなずく（肯定する）ように、話の流れを持っていくものです。

「最近、習い事一生懸命やっているね」（うん）「がんばっているじゃないか」（まあね）「体に気をつけてな」（うん）「息抜きも大切だからね」（そうだね）「宿題も早くやってしまいなよ」（うん）

最後に伝える内容が同じでもこれが「ノー・セット（No Set）」で展開するとまったく、反応が違ってしまします。

「最近、習い事一生懸命やってないじゃないか」（やってるよ）「がんばっていないんじゃないか」（そんなことないよ）「体にも気をつけてないんじゃないか」（そんなことない）「息抜きばかりしてるなよ」（うるさいな）「宿題も早くやってしまいなよ」（うるせー）

つまり、伝えたい内容の前にどういう会話をするかによって、同じ内容でも伝わったり、伝わらなかったりするのです。「イエス・セット」という方法はかなり有効ですので、試してみてください。

コミュニケーションの文脈の重要性について話してきましたが、それ以前にコミュニケーションはお互いの関係がどうであるかが、前提となります。関係が悪ければ、最初からコミュニケーションは成立しないのです。ですから、コミュニケーションが可能な親子関係であるために日頃からメインテナンスに力を入れる必要があります。メインテナンスで重要なのは、以下のようなことです。

1）普段から、とり立て重要でない意味のない会話、雑談ができるようにしておく

2）子どもの話を日頃からよく聞

文脈のバリエーション

「いつ」＝ 伝わりやすい時間はいつか
困った事態が起こったときではないとき、お互い冷静なとき、相手が話かけてきたとき

「どこで」＝ 伝わりやすい場所はどこ
居間で、子どもの部屋で、外で（公園、レストラン）

「誰が」＝ 誰が伝えると伝わりやすいか
母親、父親、きょうだい、祖父母、おじおば、親戚、先生、友人、先輩、あこがれの人

「どのように」＝ どのような伝え方だと伝わりやすいか
話し方（感情的に叱る、冷静に、淡々と話す）、声の調子（大きさ）、話す速度、姿勢、立ち位置・目線（上から、下から、平行）、やり取りの方法（直接言葉で、メール、手紙）

イエス・セットとノー・セット

イエスで話が展開

「最近、習い事一生懸命やっているね」**（うん）**
「がんばっているじゃないか」**（まあね）**
「体に気をつけてな」**（うん）**
「息抜きも大切だからね」**（そうだね）**
「宿題も早くやってしまいなよ」**（うん）**

ノーで話が展開

「最近、習い事一生懸命やってないじゃないか」**（やってるよ）**
「がんばっていないんじゃないか」**（そんなことないよ）**
「体に気をつけろよ」**（…）**
「息抜きばかりしてるなよ」**（うるさいな）**
「宿題も早くやってしまいなよ」**（うるせー）**

くようにする。
３）子どものことをよく観察する
４）そもそも、大人の世界と子どもの世界は違うということに、理解を深める。
５）子どもの世界を認め、親が子どもの世界に入っていこうとする

相手との関係は、相手のことをよく知ることで、築かれていきます。ですから、今、何に興味・関心を抱いているのか？夢中になっているものは？好きなことは？嫌いなことは？自分が得意だと思っていることは何か？苦手なことは？かっこいいと思っている人や物は？どんなゲームをやっているのか？どんなテレビ番組をみているのか？好きな芸能人は？どんな音楽を聴いているのか？同年代とどんな遊びをしているのか？など、子どもと雑談をしながら、子どもの話をよく聞いて、子どものことを知ることが大事です。また、話をすることだけでなく、よく観察することで、子どもの世界が見えてみます。

親から子どもの世界に入っていった方がいい

大人はこれまでの経験から、「これから先（未来）」を考え、「こうしたほうがいい」と論理的に生きています。しかし、子どもは「今」という時間を「なんとなく」感覚的に生きているのです。住んでいる世界が違うといってもいいぐらいです。

その子どもの世界を認めて、その世界を面白がって、親の側からその世界に入っていくことが好ましいのです。

例えば、いま小学生の間で妖怪が流行っているとしたら、大人もその妖怪について興味を持って、一緒に楽しむぐらいのことがあってもいいのです。そこから、「いつも、宿題をなかなかやらないのは、サボリ妖怪のせいじゃないの。妖怪退治をしないと」と言った会話が生まれてきます。こうした会話ができるなら、親子関係のメインテナンスはうまくいっていると言えます。この子どもの世界に入るということは、実はどういう文脈で話をすればいいかを考えるときにも役に立ちます。相手の世界、つまり相手が楽しい、うれしいと思うことに合わせた文脈を設定して、言葉を届ければ、その大事な内容がしっかりと相手に届くことになります。いまからでも遅くないので、ちょっと、妖怪の世界をのぞいてみませんか。

的場永紋先生の
親と子の悩み相談コーナー

子育てに悩みはつきもの。
日々、子どもと接しながら、
親として迷ってしまうのは当然のことです。
そんな時のヒントになるように、
専門家にアドバイスを聞きました。

写真◉越間有紀子

相談1 ママ友同士の集まりに誘われず不愉快でした。顔を合わせる度に腹が立ちます

子どもの同級生のお母さんたちとのつながり、いわゆるママ友同士のつき合いは、子どものためにもうまく付き合っていきたいという思いから、不満があっても我慢しがちになります。**相手に対する不満や怒りを伝えられずに溜めこんでしまうと、ますますその不満や怒りが増幅し、会う度にそれがイライラとして出てきてしまうことになってしまいます。**その結果、つき合いづらくなったりトラブルになったりということがよくあるようです。

ママ友関係は、「〇〇ちゃんのママ」と言い合うように、子どもを通した役割関係であって、**いわゆる昔ながらの友達関係とは異なる関係性なのです。**そのため、公私の区別がつきにくい面があり、どこまで本音を言っていいのかどうか迷うことが多いようです。

「なんで誘ってくれなかったの！誘ってほしかったのに！」と直接不満をぶつけても大丈夫なのか？「誘われなくてさびしかったな。次は声かけてね」と相手を責めるのではなく、自分の気持ちを伝えた方がいいのか？あるいは、気まずくなりたくないから何も伝えない方がいいのか？など、様々に対応に悩むことがあります。

そのときに大事なのは、**ママ友とどのような関係性を築いていきたいと思っているかです。**子どもが同級生のときだけのつき合いと考えているのか、あるいはもっと親しい関係、よりプライベートな部分も含めたつき合いをしたいのかどうか。それによって、どのように対応していくか変わってくると思います。あくまでも仕事上の関係のように、公的な関係として割り切って考えることも大事になります。ママ友関係にあまり期待せずに、別に集まりに誘われなくても、それで嫌な思いを抱く必要はないかもしれませんね。

相談2 小学6年の娘がスマホでメールやLINEをやってやり取りで悩んでいます

メールやLINEなどのソーシャルネットワーク上のやり取りは、直接、顔と顔を向き合わせたコミュニケーションとは異なる難しさがあります。対面したコミュニケーションでは、相手が話している内容だけでなく、表情や口調といった非言語的な部分からも情報が得られます。そのため、例えば、笑顔で「うざいなぁ」と優しい声で言った場合、それは親しみを込めた「つこっみ」であると解釈でき、さらりと受け流すべきメッセージとして受け止められます。

しかし、**メールなど文字だけしか情報が得られない場合、送信者が親しみを込めて「うざいなぁ」と送ったとしても、受け手は文字以外の情報が少ないため、相手からの不満や怒りのメッセージだと誤解してしまい、受け流せず傷ついてしまうこともあります。**ここに非対面のコミュニケーションの難しさがあります。

「馬鹿」「バカ♡」「ば～か（笑）」など言葉上同じでも送信者の伝えたいメッセージは異なります。また、メッセージを送信してから返信が来るまでの時間も、相手に意図しないメッセージを発してしまうこともあります。ただメールに気づくのが遅くなってしまっただけなのに、送信者は「**返信が遅いのは私のメールをどうでもいいと思っているからに違いない**」「**嫌っているからだ**」と誤解するかもしれません。LINE、ツイッターなどでは、相手からのメッセージを読んだら即座に返信しないと「**KS（既読無視／既読スルー）**」と呼ばれ、そこからいじめの原因になってしまうこともあります。

まず親としては、ソーシャルメディアを使っていく上での難しさがあることを知り、問題点を子どもと共有し、もし困ったことがあったらいつでも相談に乗る姿勢を示しておくことが大事です。

「スマホの動画に夢中になって夜更かしをして遅刻してしまう4年生の女の子」

保健室は子どもたちにとって
大切な居場所です。
そこでは、担任の先生や親の前とは
違った顔を見せてくれます。
子どもたちの今を、
保健室よりお伝えします。

文◉井上優子・いのうえ・ゆうこ
東京都内の区立小学校で養護教諭
イラスト◉土田菜摘

2時間目が終わって やっと登校してきた

各学級で朝の会が終わるころ、4年生の担任から職員室に内線が入りました。「また夏帆が来てないんだけど、保護者から連絡入ってます？」夏帆は2学期に入ってから無断での遅刻が増え、担任も不審に思っていました。

連絡もなく登校していない子どもがいる場合は、教室を離れられない担任らに代わって、全校児童の出席状況を把握している私が電話をして確認しています。しかし夏帆の家庭はほとんど連絡がとれず、自宅と携帯の留守番電話にメッセージを残すだけの対応が続いていました。今回は担任が保護者にしっかり連絡することになりました。

その日、2時間目が終わろうかという時間に、校舎の入口で眠そうな顔をして、靴を履き替えている夏帆をつかまえました。「夏帆ちゃん、このところ体調が悪いの？遅刻が多いから、気になっているんだ」「え〜、別に元気だけど…」そう言いながらもあくびをしています。「眠そうだねえ。昨日は何時に寝たの？」**「2時くらいかな」「2時！そんな時間まで何してたの！」**驚いて大きな声を出す私に、夏帆は急に目をキラキラさせて言いました。**「あのね、夏休みにスマホ買ってもらったの！いろんな動画見てるんだよ！」「それで夜更かしになっちゃうのか…」「うん、面白くて、ついついね」**「そのために学校に遅刻するのは問題じゃないの？」「はいは〜い」

スマホを買い与えて そのままほったらかし

最近メディアでも問題視されている、スマホを介したトラブルは小学校でも増加傾向にあります。校内で実施したアンケートでは、6年生の半数近くが自分専用のスマホを持っていました。もちろん学校へ持ってくることは禁止されていますが、1学期には**ふざけて自分の裸の写真を友達10数人に送付した6年男子**のことで、臨時の保護者会を開いたこともあります。スマホを使用するときのルールを教えることは、学校の急務ともなっているのです。

翌日の放課後、担任と話をしました。担任が夏帆の保護者と連絡がついたのは、結局、夜の8時すぎだったとのこと。最近の遅刻については母親も困っていて、朝起こしてから出勤しているのだが、夏帆はどうやら二度寝してしまうようだと言っていたそうです。

「親は困っているとは言ってるけど、**スマホを買い与えただけでほったらかし。ルールを決めるってことをしてないんだよ**」「スマホを部屋に持ち込んでしまえば、夜更かしし放題ですもんね」「しかも夏帆に聞いたら、**18禁の動画も見てるらしい**」「保護者に危機意識がないと、本当にまずいことになりますね…」「本人は全く悪びれてないというか、隠そうとも思ってないんだよな」

使い方のルールを 定めるのは大人の責務

生活指導主任に夏帆の話をしました。すると5年生では、アダルトサイトを視聴していて高額な料金請求のページに飛んでしまい、親にも相談できずにスクールカウンセラーに泣きついた子もいるとのこと。

校長とも相談して、2学期の終わりに、注意喚起するための保護者全体会を開こうということになりました。

経験も浅く正しい知識もない子どもが、いきなり大人向けの情報にさらされる危険というのは、有害という言葉では済まされないものがあります。保護者も教員も、まだ小学生だから興味を持つはずがないと決めつけている節がありますが、刺激に慣れた子どもはどんなに幼くても、より刺激的なものを求めて危険に足を踏み入れる傾向があるのです。防犯の意味から、スマホを持たせたいと考える保護者も多いのが現状ですが、使い方のルールを定めたり危険を教えたりするのは、家庭や学校を問わず大人の責務であると思いました。

子どもたちの名前は仮名です。個人が特定できないように事実関係に手を加えている場合があります

特集2

小学生にもある
過敏性腸症候群に どう対応したらいいか

テストになると必ずお腹が痛くなったり、運動会で自分の出番が近づくとトイレに行きたくなるような子は昔からいました。そういう子は「お腹の弱い子」とか「ピンチに過敏な子」などと言われて、病気という認識はされず、病院にも行かずやり過ごされることが多かったようです。

「過敏性腸症候群」は、ストレス社会に生きる大人の病気、大人の現代病のように扱われがちですが、じつは子どもの場合も、繰り返す腹痛ではこの病気が疑われることが珍しくありません。休日や就寝中は何も起きないのに、朝学校へ行くとなると「お腹が痛い」と言い出して学校を休む。あるいは電車や車で出かけ、すぐにトイレを利用できないような状況におかれると、不安そうな顔になり腹痛を訴えるなどということはないでしょうか。お腹を押さえて苦しんでいたのに、トイレに行き排便したらスッキリ、何事もなかったように友だちと遊び始める。それがたびたび起きるというのであれば、過敏性腸症候群の疑いが濃厚だと話すのは、横浜市にある済生会横浜市東部病院小児肝臓消化器科で日本でも数少ない小児の消化管専門外来を担当する十河剛先生。

「繰り返される子どもの腹痛には反復性腹痛、慢性腸炎、最近増えているアレルギー性の好酸球胃腸炎など多種類ありますが、過敏性腸症候群かどうかは、排便により症状が消えるかどうかです。ここに決め手があります」

そもそも過敏性腸症候群は、腸の異常な動きによって腹痛が起き、下痢や便秘の症状が慢性的に続く病気をいいます。腸の「働き」に問題があるので「機能的異常」といいますが、病院で内視鏡検査や組織検査をすると、他の病気の場合は病変が見つかりますが、この病気では、何ら腸に変化は見つかりません。

何が腸の働きを乱すのかというと、大人も子どももプレッシャーからくるストレス。脳と消化器は密接につながっているため、脳がストレスに対して過剰反応すると腸に敏感に伝わり、動きが乱れてしまうのです。

下痢だけでありません。腸の動きが緩慢になって便秘につながることもあり、過敏性腸症候群は下痢型、便秘型、混合型の3タイプに分けられます。緊張すると下痢になる子もいれば、便秘になる子や交互にくる子もいるわけです。一般に、女の子には便秘型、男の子には下痢型が多いようです。

本人に痛みがあるのは間違いのないこと

なりやすいのは、もともとデリケートで感受性が強い子。「微妙

「お腹が痛い」「頭が痛い」は、子どもがよく言い出す体の2大不調ではないでしょうか。お腹が痛いといってトイレに駆け込むのに、出てきたらケロリ。安心していると、同じことを何度でも繰り返すようであれば、大人によく見られる過敏性腸症候群かもしれません。ストレスと密接に関係するこの病気と親としてどう付き合っていくか、専門の先生に聞きました。

文◉深津チヅ子　イラスト◉土田菜摘

な感情が交錯する思春期を迎える小学校高学年くらいになると、症状を訴える子が増えてくる」と十河先生。思春期以降の子どもの5～10人に1人は症状を抱えているのではないかともいわれます。

親としては登校時に決まって「お腹が痛い」と言い出されると、つい「本当は学校に行きたくないだけじゃないの」と勘繰りたくなるかもしれませんが、本人に痛みがあるのは間違いありません。お腹が痛いのに、頼りにしているお母さんに疑いの目を向けられたのでは、子どももたまったものではありません。心まで傷ついてしまいます。他の病気の可能性を除外するためにも、まずは近隣の小児科か内科に相談してみましょう。

過敏性腸症候群には国際的な診断基準があり、医師はこれに沿って診断します。基本的には、①腹痛や不快感があって、頻繁にトイレに通い下痢便になるか、逆に回数が減ってコロコロした硬い便になる。しかし、②排便さえすれば回復する症状が2カ月以上続けば、「過敏性腸症候群」とされます。

環境が変化することで症状が消えることもある

他の病気がなく過敏性腸症候群と診断されれば、それほど心配はいりません。ストレスが原因なので、薬を使わなくても環境が変わってストレスが除かれるだけで好転することはよくあります。十河先生の専門外来では、治療の一環として心理的アプローチを行い、治療に役立てています。

「過敏性腸大腸炎は心身症の一つでもあるので、カウンセラーによる心理的アプローチは重要です。何がストレスになっているのか探っていくと、クラスに馴染めない、勉強が大変、イジメなど隠れていた原因が見えてくることもあります」

ですから、お母さんのサポートは大事です。目の前の症状ばかりに注目して、なんとか学校に行かせようと「大丈夫？学校に行けるよね？」と励ましのつもりでしつこく声をかけたり、心配顔で接するのは心理的負担を大きくするだけです。子どもは成長します。

「状況にうまく適応することを覚えたり、環境が変化することで症状の軽い子では治療をしなくても、いつの間にか症状が消える例も多い」と十河先生は話します。お母さんは、「焦らず、迷わず、ゆったりと」対応を。どんな場面が苦手かを把握し、大事な試験の前には早めに会場に行って、トイレを済ませてから試験に臨むなど、それぞれの対策も必要でしょう。

何年も続いたり生活に大きな支障がある場合は、薬を使います。下痢型ならば、「イリボー」という腸の過剰な動きを正常に戻す効果の高い薬があるので、医師の指示に従い使用します。ただし、この薬は男の子にしか効きません。女の子や便秘型の場合は、整腸剤を使ったり、便の硬さを調整する薬を使い上手にコントロールしていきます。

山崎直子

[宇宙飛行士]

ココロの Interview 47

普通の小学生が小さな夢をつないでいったら宇宙飛行士になれた

２０１０年、日本で2人目の女性宇宙飛行士として宇宙に飛び立ち、15日間にわたる全ミッションを遂行した山崎直子さん。絵に描いたようなエリート街道を歩んできたスーパーウーマン――飛行当時から、そんなふうに伝えられることが多かったが、平凡な家庭に生まれ育ち、星空を見るのが好きだった教師志望の女の子は、身近にある小さな夢をつないで、世界中が注目するプロジェクトの真ん中にたどりついたのだった。

構成◉深津チヅ子
写真◉越間有紀子

「星を観る会」で初めて星空と出会う

星空が大好きな「宇宙少女」が夢を見据えて着々と歩みを進め、ついに宇宙飛行士になった――そんなイメージを私に対して持つ方が多いかもしれませんが、最初から大きな夢を描いていたわけではありません。特殊な能力や環境に恵まれていたわけでもありません。その時どきの年齢相応の興味を私なりに掘り下げていったら、結果的に大きな夢にたどりついたと思っています。

星空との最初の出会いは小学校2年生、札幌でした。当時、陸上自衛官だった父の転勤にともない、生まれ故郷の千葉県松戸市を離れ、豊かな自然が残る札幌で2年間ほど過ごしました。青虫を飼ったり、庭先の木でセミが孵化する様子をじっと観察するような子どもでした。小2の夏休み、小学校で「星を観る会」が開かれるというので、家族で出かけました。校庭の真ん中に用意された望遠鏡を順番にのぞいていくだけのイベントでしたが、私の番になり、初めて望遠鏡をのぞき込んだときの感動は忘れられません。丸いレンズの向こうに月のクレーターや土星の輪がくっきりと見えて……。

直接見たり触ったりという五感を通した経験はしっかりと記憶に刻まれるものです。とくに子どものころは。私の場合、この夏の夜の感動体験が原体験となって、宇宙飛行士の道へと導かれていきました。

ちょうど当時は「宇宙戦艦ヤマト」や「銀河鉄道９９９」「スターウォーズ」が大ヒット、米国のボイジャー号が土星や木星の映像を送ってきたりで、世の中全般の目が宇宙に向いていた時代。私も兄にお付き合いして「ヤマト」が始まるとテレビの前にすわり込みました。松戸に戻ってからは、近所にできた市民会館のプラネタリウムに兄と通い、星座や星の話を日常的に聞いていました。第一空挺団に所属していた父が、落下傘降下を披露する姿を目にすることもありました。

そんなことの積み重ねで自然と視線は空に向かい、少しずつ宇宙への関心が養われていった気がします。でも女の子ですから、本当は「ヤマト」ではなく「ハイジ」の方を見たかったし、なりたいものといったら、学校の先生やお花屋さんに憧れる普通の小学生でした。

「先生」と「宇宙」がつながり夢の核になった

宇宙を意識したのは中学3年生のとき。テレビでスペースシャトル「チャレンジャー号」の爆発事故を見たのがきっかけです。事故を目撃したショックもさることながら、それまでＳＦやアニメの世界でしかなかった宇宙が、事故を通して、現実に宇宙船があり、搭乗する宇宙飛行士が存在するという生々しいリアリティとなって迫ったのです。

犠牲になった搭乗員の中に女性教師がいたことも鮮烈な印象を残しました。当時の私は教師志望でしたから、頭の中にあった二つのキーワード「学校の先生」と「宇宙」がこの事故で結びつき、夢の核として芽生えたのは確かです。しかし、自分が宇宙飛行士になって身を置くことなど、まだまだ想像すらできません。作文には相変わらず教師志望と書いていました。

ココロのInterview 47

宇宙に近づいたのは大学からです。高校は女子高でとても自由な校風でしたから、海外に留学したいだの、海底調査をしたいだのワクワクするような夢を語る友人がたくさんいました。周囲から刺激を受けて進路に迷った時期もありましたが、自分は何が好きなんだろうとシンプルに振り返ってみたとき、思い浮かんだのは札幌で見た星空であり、松戸のプラネタリウムであり、チャレンジャー号でした。

　夢の核がふくらみ始めたのです。「宇宙関連の仕事を目指そう」目標は定まりました。大学では宇宙工学を専攻、大学院を経て、エンジニアとして宇宙開発事業団ＮＡＳＤＡ（現ＪＡＸＡ）に入りました。大学、大学院を通して宇宙ホテルや宇宙ロボットの研究に没頭していましたから、将来は宇宙船の設計に携わりたいと考えていました。すでに満足のいくポジションにいたわけですが、チャレンジャー号で宇宙に行こうとした女性教師の笑顔が折に触れ思い出されて、宇宙に近いところで仕事をするうちに、彼女の夢と自分の夢を重ね合わせるようになっていました。宇宙飛行士の募集は数年おきに不定期に行われ、募集のあったときに受験すれば宇宙飛行士への道が開けることなどがだんだんわかってくると、チャレンジしないわけにはいかないと思うようになったのです。

11年の訓練期間を経て いよいよ宇宙へ

　入社３年目の１９９８年、宇宙飛行士候補選抜試験を受けるチャンスが巡ってきました。応募者８６４名、うち女性は約１割。１年余りかけて試験を重ねた結果、選ばれたのは古川聡さん、星出彰彦さん、そして私の３名でした。じつは大学院在学中に１年間米国留学しており、そのときに一度応募しましたが、書類選考で落とされています。２回目のチャレンジで手にした朗報。28歳でした。

　そこからの道のりが長かった。実際に宇宙に行くまでに11年かかりました。訓練４年目にコロンビア号の空中分解事故が起き飛行計画そのものが停滞してしまったのです。先行き不透明な時期が数年続きました。その間に結婚、娘にも恵まれて家族ができましたが、訓練のためにロシア、アメリカと移動する中で家族に負担をかけ、ゴールの見えない日々は夫や娘も巻き込んだ葛藤の時間でした。

　一方で、訓練自体は非常に充実したものでした。専門知識の座学、極寒のロシアでのサバイバル訓練、音速ジェット機を使った飛行訓練、メンタル訓練、どれひとつとっても高度の集中力が求められて自分の成長を確信することができ、私には救いになりました。夢を実現させるためという使命感からではなく、もっと純粋な幸福感。これをやっていれば自分は幸せで楽しいという気持ちです。万が一宇宙に行けなくても、この時間を持てたことが嬉しい。何でもそうだと思いますが、「好き」ということは、不安でくじけそうになる気持ちをも吹き飛ばす、本当に大きな力になると実感しました。

　そして２０１０年、ついに宇宙へ。わずか８分30秒で星空の世界に到達すると、突然ペンや紙がふわふわと浮き始め、クルー全員で思わずガッツポーズ。闇の世界で地球は青く美しく輝いていました。宇宙は何年かかっても到達するに値する素晴らしい場所でしたが、帰還したときの感動も忘れられません。大地に降り立った瞬間、ふわっと風に運ばれてきた緑の香り、優しい太陽の光、重力さえも愛おしく、地球と共に生

夢に大小はあっても、どれがりっぱとかはありません

やまざきなおこ

宇宙飛行士。1970年、千葉県生まれ。
東京大学工学部航空学科卒業。
同大学院修了後、
宇宙開発事業団（現JAXA）に勤務。
99年、宇宙飛行士候補に。
2010年、スペースシャトル最後の
搭乗員として15日間宇宙を飛行。
翌年JAXAを退職。
現在は、内閣府の宇宙政策委員を務めるほか、
子どもたちの宇宙教育や講演活動を行う。
2女の母。

きる自分の「生」に深く感謝したのを覚えています。

今はわからなくても夢にはだんだん近づけばいい

3年前、次女の出産を機に15年間勤めたJAXAを離れました。今は外部から宇宙開発をサポートする傍ら、子どもたちの宇宙教育にも力を入れ、「星を観る会」などで私が味わった感動を子どもたちにも体験して欲しいと思っています。彼らと触れ合う中でよくたずねられるのが「夢の見つけ方」です。たしかに、「夢は何？」と聞かれて、はっきりと答えられる子が少ないと感じるし、夢を持ちづらい世の中だということも耳にします。

私は思うのです。夢には大きな夢や小さな夢があるかもしれませんが、どれがりっぱとかはありません。初めは夢がわからなくてもいいと思います。日々の勉強や暮らし、友だちとの交流など、今の時間をおろそかにせず大切に生き、できることをていねいに積み重ねていると、好きなものや興味を持つものが見えてきます。それを追求していけば夢は形になっていくのではないでしょうか。歩きながらだんだんと近づいていけばいいのです。途中で道に迷ったり、足踏みしてもいい。

私も今も小さな夢をつなぎながら歩いています。

いただきまーす。
ん～ おいしい。
おとなりからも いいにおい。

加藤休ミ

［クレヨン画家］

リアルな食べ物の絵は思わず食べたくなる！

ごはんや魚など食べ物をはじめ、どことなく懐かしさを感じる人々の日常の風景も、すべてクレヨンだけで描き出す。丁寧に根気よくおいしくなるまでひたすら描き続ける！

構成◉橋爪玲子

みんなで つくった
カレーライス。

上京後のアルバイトで絵と出合う

高校卒業後、とにかく何かをやりたくて、北海道から東京に上京しました。役者を目指して、雑誌でエキストラの募集欄を見つけては、オーディションに応募していました。けれど、2年くらいで挫折してしまいた。

絵との出合いは、上京後に見つけた製版会社でアルバイトをしていたときです。そこで、仕事の合間に思いついた絵をよくメモ帳に描いていたら、会社の人が「面白い」って言ってくれたんです。イラストレーターという仕事があって、出版社に売り込みにいったらいいよとも教えてもらいました。

ちょうど20歳くらいの頃です。絵の売り込みを始めてから、やっと雑誌の連載が決まったのが24歳のときです。

連載が決まるまでは、無我夢中で修行中だと思いながら、とにかくどんな絵の仕事でもやりました。

大好きなイラストレーターさんに偶然やっていた仕事でめぐり会えたときには、絵を描き続けることで、縁が生まれる喜びを感じました。役者を目指していたときには、そういう出会いはありませんでしたから。

そして、連載が決まったことは、私の励みになり、がんばろうという気持ちにさせてくれました。

お寿司にラーメン……食べ物を描き続ける

雑誌の連載をしている頃、気になる定食屋を見つけてめぐり歩くという新企画を考え、食べ物の絵を描くことがありました。サンマの開き定食を描いたら、「食べ物の絵が上手だね」と編集者の人がいってくれたんです。もううれしくてどんどん描きました。お寿司にラーメン、サンドイッチ、何枚も描き続けていくうちにおいしそうな描き方がわかってきてたところで、魚を１００匹描くという仕事が来ました。この絵がのちに、多くの人に評価をしてもらうきっかけになりました。

絵本を作るきっかけは、絵本のコンペでした。絵を描くことがとにかく楽しくて、イラストレーションのコンペも絵本のコンペも絵が描けるコンペにはいろいろと応募しました。

２０１０年に『ともだちやま』が、第11回ピンポイント絵本コンペの優秀賞に入りました。そして、この作品が絵本のデビュー作になったんです。

かとう やすみ
1976年、北海道生まれ。
2010年にピンポイント絵本コンペ優秀賞を受賞。
その作品をもとにした『ともだちやま』（ビリケン出版）で
12年に絵本デビュー。
絵本は『きょうのごはん』（偕成社）
『おさかないちば』（講談社）、
最新刊の『かんなじじおどり』（BL出版）など。

加藤休ミ先生の著作です

加藤休ミ
きょうのごはん

かんなじじ おどり
加藤休ミ

小学生のころ、実家がある北海道の釧路でよく家族でドライブをしていました。山に抱きついたら、気持ちいいだろうな。スキー場のある山って、ゲレンデの部分だけ削れています。滑り台をしたら面白いだろうなって、子どもの頃に想像したことを思い出して作りました。

2作目の『きょうのごはん』は、展覧会で料理の絵を見た編集の人が声をかけてくれました。絵本の中の料理は、自分がチャレンジしたい料理を描きました。とくにコロッケは、揚げたての衣のこげた感じとぱりぱりした感じをうまく表現したかったんです。コロッケを描くだけで1カ月以上かかってしまいました。

でも、出来上がったコロッケを編集の人に見せたらひとこと「すごい」って。本当にうれしかったです。食べ物だけではなく、猫にも注目してほしいです。モデルは、うちの近所をパトロールしている猫。絵本のナビゲーター的存在です。商店街は昔からある喫茶店や魚屋さんなど、昔ながらの「あるといいなぁ」と私が考えているものばかり。私の描きたいものが詰まった絵本です。

値段がリーズナブルで どこでも買えるクレヨン

絵は、ずっとクレヨンとクレパスだけで描いています。クレヨンなら値段がリーズナブルで、たとえ離島にいっても売っていてもいますから、どこにいっても描くことできるところが魅力の画材です。

そんなクレヨンで何でもできる人になりたいと、いろいろ試行錯誤しました。たとえば、魚を描くときは、クレヨンを塗ったところに、クレパスで二度塗りします。そしてカッターなどで削りながら、魚のうろこの立体感を出していきます。このやり方で、何度もクレパスを重ねながら、納得がいくまで根気よく、すべての作品を描いています。

クレヨンでのいろいろな描き方を自分で見つけたことが、自信につながりました。そして、自信を持てるようになると、もっと絵を描いていきたいと強く思うようになりました。

食べ物の絵本を出したことで、食べ物はおいしく描けます！　魚ならまかせて！　と自分の絵の方向性がはっきりしました。

今、挑戦しているのが、白いご飯。キラキラ光る炊き立てのご飯粒や新米の粘りまで出したい。みんなが「美味しそう～」「食べたい！」と何度も口からでてしまう、そんな食べ物をこれからもたくさん描いていきたいですね。

とうさん とくいの オムライス。

じょうずに できた
てづくり コロッケ。

レッツ

何でもトライ 16

ピンホールシネマを作ろう！

簡単に作れますよ、
頑張りましょう！

いったい
何が見えるのかな。
楽しみ！

箱に穴をあけて中をのぞいたら何が見えるのかな？
今回は東京オペラシティにある文化施設「ICC」（NTT東日本運営）で
帽子型の装置「ピンホールシネマ」をみんなで製作、それぞれが頭にかぶって、
ピンホールの世界を体験しました。

写真◉越間有紀子

箱を組み立てよう

ピンホールシネマはクリエイティブ・ユニット「フワリラボ」の作品。フワリラボの冷水久仁江さん、岡田憲一さんから帽子型装置の作り方を教わります。

ピンホールってなに？

装置の元になるピンホール・カメラの仕組みについて説明を聞きます。でも、やっぱり実際に見てみないとよくわからないなあ。

頭にばっちり
フィットしました！

ツノが生えていて
カッコイイでしょ！

箱をデコろう

組み立てたらそれぞれ好きな装飾をします。カラフルにできました！

さあ、
いろんなものを
見にいくぞ！

みんなで記念撮影

装置が完成した後は、みんなでピンホールシネマをかぶって、ハイ、ポーズ！すっかり気に入りました。

風景を見てみよう

ピンホールシネマをもってオペラシティ内を移動、箱の中をのぞくと、あら不思議！逆になった背後の風景が箱に写って見えます！お母さんもびっくり！なんでこんな風に見えるの??

ICCキッズ・プログラム2014 ひらめきとはてなの工場

ICCでは毎年夏にICCキッズ・プログラムを開催しています。子どもが体験できるメディア・アート作品が展示され、ワークショップもあります。

参加の申し込み、問い合わせ

NTTインターコミュニケーション・センター［ICC］
〒163-1404　東京都新宿区西新宿3-20-2
東京オペラシティタワー4階
フリーダイヤル：0120-144199

グローバルな視野をもつ「探究女子」を育てる

思考力教育・進学力教育・国際力教育・美の教育・心の教育の5教育で
グローバルな視野をもち、クリエイティブに問題解決できる
「探究女子」を育てます

■学校説明会

9月13日（土）	14:30～	生徒が語るトキワ松
10月22日（水）	19:00～	校内見学
10月26日（日）	14:00～	校内見学
11月21日（金）	10:30～	授業見学
12月 6日（土）	10:00～	適性検査型入試説明会
12月23日（祝）	14:00～	入試体験
1月10日（土）	14:30～	算数勉強教室
1月24日（土）	10:00～	授業見学

＊HPまたは電話にてご予約ください。
＊各回個別相談、校内見学があります。

■トキワ祭（文化祭）

9月27日（土）10:00～
9月28日（日）10:00～

＊個別相談コーナーがあります

☆随時学校見学をお受けしています。
事前にお電話ください。

トキワ松学園中学校高等学校

〒152-0003　東京都目黒区碑文谷 4-17-16
tel.03-3713-8161
●ホームページアドレス　http://www.tokiwamatsu.ac.jp
●東急東横線「都立大学駅」より徒歩８分
●JR山手線「目黒駅」よりバス12分・碑文谷警察署より徒歩1分

「トキログ！」で学園の
様子がご覧になれます。

大人も子どもも 本からマナブ

叱られるのはいやだなと思った時におすすめしたい１冊と、睡眠の大切さについて考える本をご紹介します。

BOOKS COLLECTION 45

人に叱られた時 どのように受け止めるか

子ども向け

叱られる力
聞く力2

阿川 佐和子 著
文春新書
800円+税

『叱られる力』というのは、ちょっと耳慣れないタイトルではないでしょうか。著者は、キャスターや文章を書く仕事をしている女性です。きっとみなさんもテレビなどで見たことがあると思います。

この本は、２年ほど前に出版された『聞く力』の続編として、著者が人との交流において感じたことをまとめたものです。

さて、著者はこれまで生きてきた60年間、周囲から叱られる連続だったと感じているようです。しかし、著者はその「叱られる」ということを、意味のないことだとは考えていません。相手のことを大切に思っていないのならば、わざわざ叱ったり注意したりはしない、人は真剣に叱ってくれる人がいて初めて成長できる部分もあるのだと感じているのです。

そして、叱る側の気持ちについても触れています。

この本は大人向けに書かれたものですが、みなさんが読んでも参考になるでしょう。お父さんやお母さん、先生から叱られたけど、そのことを素直に受け止められない時があるかもしれません。そんな時に読んでみてはいかがでしょう。

BOOKS COLLECTION 46

受験生活において考えたい子どもの睡眠状況

大人向け

子どもの夜ふかし 脳への脅威

三池 輝久 著
集英社新書
700円＋税

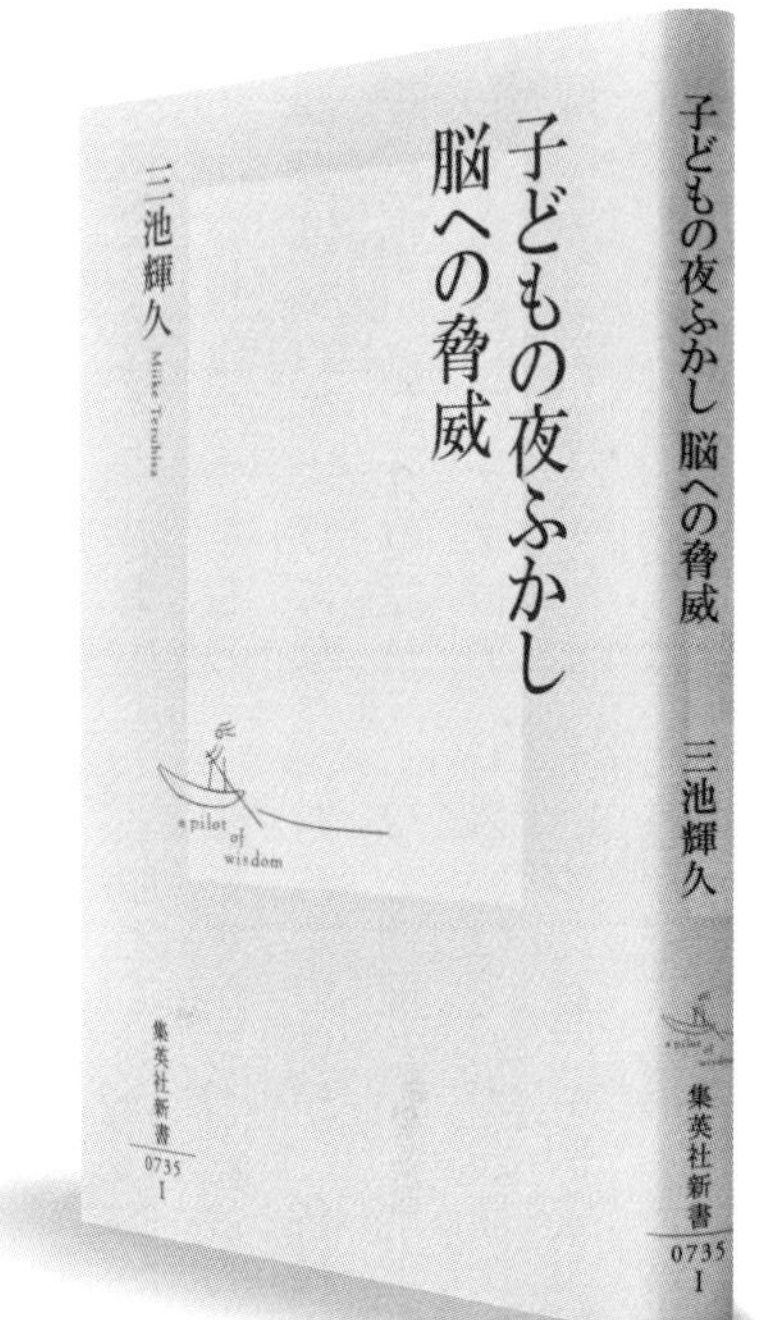

中学受験に向けて勉強をしている小学生をお持ちのご家庭にとって、お子さんの睡眠は大きな関心事だと思います。成長期において睡眠は非常に大切です。しかし、学校が終わってから塾に通うため、どうしても夜遅くまで学習することになります。その結果、就寝時間が遅れてしまい、十分な睡眠時間の確保が困難になりがちではないでしょうか。

本書は、小児神経科の専門医である著者が、「子どもの睡眠」に焦点をしぼって書いたものです。子どもの「眠り」は社会に巣立っていくための基礎的な能力をつくる大事な時間であるという前提から、睡眠が語られています。

現代社会は、夜も活動することが多く、大人も子どもも就寝時間が遅くなっている傾向にあります。そうしたなか、睡眠リズムをつかさどる「体内時計」の形成不全、すなわち人間の生体リズムの基礎となる部分が正常に機能しない状態となってしまう危険性に著者は警告を発しています。

子どもの睡眠障害は、様々な体の不調を招き、各種の病気の遠因となったり、不登校・引きこもりの原因となっていることを、数多くの調査結果分析を通じて、著者は突き止めました。

特に、第３章では、「小学生以上の子ども」に焦点をあて、この年代の子どもたちにおける睡眠障害が自律神経系の障害を招き、疲労感や倦怠感として表れることを指摘しています。

中学受験期にいるお子さんをお持ちの方に、ぜひおすすめしたい１冊です。

来春中学に進む生徒の6年後
大学入試は大きな変化の年に

変わる大学入試センター試験 どう対応していけばよいか

現在の小学校6年生のみなさんが大学入試を迎える時は、今の大学入試制度ではなくなります。これは先日、文科省の中教審が議論をして打ち出したことです。

とはいっても、すでに新聞等で報道されているとおり、ではこうなる、という明確な見通しは秋まで待つことになりますが、ただ大きな方針は一応しめされています。

2点あります。その第1は今の大学入試センター試験が達成度評価のテストに変わる、ということですね。これは学力の定性評価ですから2～3度やることでそのスコアが落ち着き、大きなブレは生じません。ただそれをいつやるか、どこでやるか（誰がやるか）などの諸問題が残っていますが、みなさんにとって大きな問題ではありません。従来なら1月中旬の一発勝負だったものが、2～3回受けられるようになる、ということです。2～3度試せるのですが、2～3度試してスコアが確定すれば、もうそれは実力ですから動かせません。その学力判定はシビアなものなのです。

大変かな、と思えるのがテストの出題が、合科とか総合とか、記述中心になるとか、といった方向が打ち出されていることです。つまり、従来の科目別でもなく、択一型（○×型）の答案形式でもなく、たくさん書かせる欧米に近い入試になる可能性がある、ということです。

新たな到達度評価に耐えうる 指導と評価軸を持った学校を

これは、学校でやったことが、いかに定着しているかを見る趣旨ですから、学校でそうしたトレーニングを受けていることが前提です。

もしそうでなければ、学校と大学をつなぐ入試のために、特別に入試のための勉強が必要になり、制度としていびつなものになります。

となると、少人数で丁寧にレポートをみる、という学校に進学することが重要になる、と考えられます。

加えて、合科とか総合といった出題ですから、総合的学習の時間はもちろんですが、各科においても、数学と物理とか、地理と歴史とか、あるいはそれを英語でやるとか、そういった対応を学校の授業でできることが好ましい、と言えます。

今、インターナショナルバカロレア（ＩＢ）、つまりインターナショナルスクールの指導カリキュラムとその履修資格のとれる学校が、日本の一貫校でもいくつか誕生しつつありますが、そのやり方を一部取り入れれば、そのような学校のありように近づきます。逆に言えばＩＢの学校であれば、新しいセンター入試にも十分対応できる、と言えます。

第2の点は、各大学の独自入試のありようとして多面的評価を取り入れよう、というものです。すなわち、これは英米の大学で通常行われているもので、学力テストのスコアに、高校生活でのパフォーマンスを加点しよう、というものです。

こうなると、自らの強みをより強くしてくれる機能のある学校を選ばないと、そのような評価は生じませんね。

例えば様々なコンクールでの優勝などというのは、やはり、コンクールで好成績がとれるような日頃の指導がモノを言いますから、そうしたしかるべき学校に進学することに越したことはありません。

このように新しい大学入試になれば新しい評価方法になり、そのためには、そのことがうまく達成されるように現場を変えていく大人の側の

中学受験WATCHING

NAVIGATOR

森上 展安
もりがみ・のぶやす
森上教育研究所所長。
受験をキーワードに幅広く教育問題をあつかう。
保護者と受験のかかわりをサポートすべく「親のスキル研究会」主宰。
近著に『入りやすくてお得な学校』『中学受験図鑑』などがある。

問題もありますが、生徒・保護者としては、新しい評価軸に応える学校を選びたくなるのも当然です。

応用知を鍛えることはできる それを発揮できる環境が大切

とはいえ最大の支障は、問うべき知力のあり方が、内容知から応用知に主軸が移る、ということだ、と考えています。

内容知というのは従来の微分積分とはこうしたことだ、というまさに教科書の単元のようなものです。

一方で応用知というのはそういった内容知を使って、未知の、あるいは新しい問題をどう解くか、という問題解決です。確かにいずれも問題解決には違いありませんが、内容知が、あらかじめ知られた定番の解法である、とすれば、応用知には正解はなく、解決の仕方は様々だ、ということです。

「いわばビジネス・スクールのケースメソッドのようなものですね」とある保護者が筆者のこうした説明に対して同意を求めてこられましたがまさにそのとおりです。

正解といえば全て正解としてよいが、より早く、安く解決できればそのやり方に軍配はあがるとしても、多少回り道してもきちんと回答が出せることも貴重なこと。

正解はひとつではない、ということで、よりよい方法を求めてトライ＆エラーをすることがむしろ大切なことなのです。

こうしたレベルの学校文化を持つことは大変なことでしょうか。

秋田の小学校では、郡部においても論理的思考や、トライ＆エラーの問題解決学習をかなりやりこんでいる、というレポートを、あるメディアの取材記事が教えてくれました。

そうした努力を重ねているところと、全く受け身のところとでは、実践度に差はあることでしょうね。

幸い、首都圏の場合は、学校の試みは人の目に触れやすいので工夫しやすいとも思えますが、それにしても秋田の小学校の実践力は、とてもマネできないほどになっています。

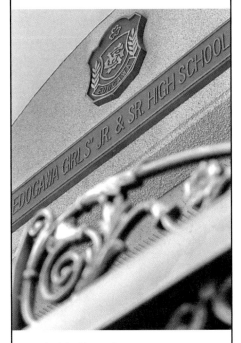

大妻多摩という美意識

美しい自然環境の中、女性らしさと高い学力を育てる進学校

大妻多摩は、伝統の女子教育を活かし、社会貢献できる高い学力と品性を備えた美しい女性を育てます。

毎年ほとんどの生徒が大妻女子大学以外の難関大学へ受験で進学する、『進学校』です。

授業はもとより、学校行事やクラブ活動など、学校生活のあらゆる場面が学びの場です。

だからこそ、この美しい環境、素晴らしい友、先生との出会いが大切なのです。

豊かな緑と私学ならではの秀逸な施設を備える絶好の教育環境で、あなたも自分を磨いてみませんか。

■学校説明会（要上履）

10/10（金） 10：00～12：00
主に6年生対象

11/17（月） 10：00～12：00
主に5年生以下対象

■学校行事・イベント

文化祭（要上履）

9/20（土） 10：00～16：00
9/21（日） 9：00～15：00

中学生活体験日（要上履 ※HP から要予約）

11/ 3（月・祝） 10：00～13：00 頃

入試模擬体験（要上履 ※HP から要予約）

11/24（月・祝） 9：00～12：00 頃
6年生対象

最後の入試説明会（要上履 ※HP から要予約）

1/ 6（火） 9：00～12：00 頃

合唱祭 ※要電話予約

1/23（金） 11：45～16：20
於 パルテノン多摩

■入試日程

第1回	2/1（日）	4科目
午後入試	2/1（日）	2科目 ①3：30と② 3：50 開始
第2回	2/2（月）	4科目
第3回	2/4（水）	4科目

※学校見学は随時受付（要電話予約）

大妻多摩中学校

http://www.otsuma-tama.ed.jp/

〒206-8540 東京都多摩市唐木田2-7-1 TEL 042-372-9113（入試係）／ 小田急多摩線唐木田駅下車 徒歩7分

校訓 **愛・知・和**

21 世紀を担う国際感覚豊かな人間教育

英数特科クラス
自学習の習慣を確立し、発展演習を通して、難関突破。

平常授業 ＋ 特別強化プログラム〔① 特科補習授業／予備校授業 ＋ ② 放課後のサポート授業（中学） ＋ ③ 長期休暇講習（春期・夏期）〕 → 最難関国公立・私立大学 現役合格

特別進学クラス
サポート授業で「わかるまで学習する」習慣を身につけ、実力向上、夢の実現。

平常授業 ＋ サポート体制〔① 放課後のサポート授業（第1・2ステージ） ＋ ② 長期休暇講習（春期・夏期） ＋ ③ 予備校授業（第2・3ステージ）〕 → 難関国公立・私立大学 現役合格

■入試説明会■

9/13（土）10：00～
10/11（土）10：00～
10/25（土）13：00～
＊文化祭当日
10/26（日）11：00～
＊文化祭当日
11/ 8（土）10：00～
11/27（木）10：00～
12/ 6（土）10：00～
12/15（月）10：00～

■入試対策会■
（入試対策・体験授業）
11/23（日・祝）9：00～ 要予約

■ミニ説明会■
10/18（土）13：30～
11/ 9（日）13：30～
11/15（土）13：30～

■文化祭■
10/25（土）・26（日）10：00～
入試相談コーナーあり

■4・5年生対象学校説明会■
平成27年 2/21（土）10：00～

＊上記日程は予定です。最終的な確認はホームページ等にてご確認ください。

学校法人開成学園

大宮開成中学校

〒330-8567　埼玉県さいたま市大宮区堀の内町1-615　TEL.048-641-7161　FAX.048-647-8881
URL　http://www.omiyakaisei.jp　E-mail　kaisei@omiyakaisei.jp

開智中学校

自ら考え・学び・創造する開智の授業
いよいよ先端クラス1期生が来年3月に卒業します！

大学合格実績において近年躍進著しい開智は、「心豊かな創造型・発信型の国際的リーダーを育成」することを教育理念として掲げています。その理念の結実の一つとして、この春の大学入試で、東大9名（現役8名）、京大1名（現役1名）、国公立医学部9名（現役5名）が合格するなど、優れた結果を残しました。「開智の理念を実現するための柱に据えているのは、何といっても質の高い授業です」とは開智学園の青木理事長の言葉。そこで今回は、その開智の授業のうち英語、数学そして哲学対話についてご紹介したいと思います。

国際的リーダーを育成する先端クラスの英語

英語は中学3年生の先端創造クラス（以下先端クラス）に伺いました。英語というと、教科書を読み、生徒が和訳し答え、教師が解説するという授業を想像される方も多いと思いますが、開智の英語はひと味違いました。まず、教室に入って目に付いたのは、生徒が4～5人のグループになって授業をしていることです。内容としては、「関係代名詞について」という、オーソドックスなものですが、使っていたのは、英語で書かれた文法書のプリントでした。当然中3レベルに合わせて作られたものではないので、わからない単語や文法も多く登場しますが、ここでグループになっている強みが出てきます。わからない部分は、辞書で調べたり、それを生徒同士で教え合ったりして、だんだんと理解が深まってきているようでした。その後、教師の解説が始まり「ここの文はどういう意味なの？」と聞くと、教室のあちらこちらからいろいろな答えが出てきます。様々な答えの中には、当然正解でないものも多くあるのですが、「え、それは違うんじゃないの？」とか、「これはこうだって、前、先生が教えてくれたよ」といったように、生徒の積極的な発言によって、教室の空気も次第に正解に向かっていきました。

担当の根岸教諭は、「文法に関しては、既に教科書で解説しているので、英語の文法書を使うと、復習にもなります。また、一度学習した内容だと、生徒は取り組みやすく、英文であっても、その内容を知りたい、という気持ちになるので、能動的に英語を学ぶことができていると思います」と言います。

このように、先端クラスの英語の授業は、生徒の主体性を活かした授業が多く取り入れられていますが、当然、講義型の日があったり、集中して問題演習に取り組む日があったりと、生徒の力を存分に引き出すよう様々な工夫がされているようです。

≪学校説明会・行事日程≫

	日 程	時 間	バス運行（東岩槻駅北口より）
学校説明会	10/18(土)	13:30～15:00	往路12:45～13:45 復路15:00～16:10
	11/15(土)	10:00～11:30	往路 9:15～10:15 復路11:40～12:40

その他（公開行事等）	日 程	時 間	バス運行
開智発表会 （文化祭）	9/14(日) 9/15(祝)	9:30～15:00 15日はミニ説明会同時開催 10:00～、11:30～、13:00～	東岩槻駅北口より バスが運行されます。
入試問題 説明会	12/ 6(土)	14:00～15:30 （入試問題説明） 15:30～16:10 （教育内容説明）	

すべての説明会、行事に予約は必要ありません。なるべく上履きをご持参ください。

本質的な力をつける開智の数学

次に、中学2年生の先端クラスの数学の授業を見学しました。教室に入ると、ちょうど問題を解き終えたところだったのですが、ここで、教師による解説に入るのかと思うと、「それではグループになって答え合わせ」という教師の声とともに、素早く4～5人の班ができ、その問題に関しての議論が始まりました。わからない生徒に教えている生徒、別の解き方を紹介している生徒、各班で活発に議論した結果、全ての班で答えが出たようです。そこでようやく教師が前に出て来ますが、まだ解説はしません。「いい解き方あった？」と聞いて、何人かの生徒が発言すると、その生徒を前に連れてきて、生徒に解説をさせています。そして、最後にようやく教師が出てきて、まとめ、そしてさらに発展的な解法も紹介して、その問題は解決しました。

今回の授業担当の峰岸教諭は、このような授業スタイルを取り入れる効果を次のように説明します。

「わからない人が友達から教えてもらう、それだけで効果は当然ありますが、わかっている人が友達に教えることの効果も実は大きいです。つまり、わかっている人はしっかり理解して教えないと友達にわかってもらえません。すると、ここで自分の理解が不十分であることに気付く生徒が多いのです。そこからは、『わかってもらう』という、能動的な理由で、自分の理解を深めることが出来るのです」

哲学対話―開智の新たな取り組み

最後に、中学3年生の一貫クラスで行われている哲学対話の授業を見に行きました。教室に行くとクラスの生徒全員が円形に座って、全員の顔が見渡せるようになっていました。今回のテーマは、「人間の寿命」についてで、前回の授業で見た「猿の夢」という落語をもとに、このようなテーマに決まっていったようです。

まず、6人程度のグループになって「人間の寿命は人工的に延ばせるのか、延ばせるとしたら、そういうことはするべきか」について話し合いました。各班で議論が盛り上がってきたところで、グループで出た意見の発表が始まりました。「延命治療をしてまで延ばす必要はない」といった否定的な意見もあれば、「みんなが長生きできるようにするのが医療の役割だから、延ばせるのならば延ばすべきだ」といった肯定的な意見もありましたが、それぞれの意見に、生徒も様々な反論をして、議論は盛り上がっていきました。その後自分の意見をシートに書いて提出して、授業は終わりました。

哲学対話とは、このようにすぐには結論の出ない、哲学的とも言えるテーマについてクラス全体でじっくりと話し合うという対話型の授業です。茨城大学・立教大学兼任講師の土屋先生がファシリテーター（中立な立場を保ちながら話し合いに介入し、議論をスムーズに調整しながら相互理解に向けて深い議論がなされるよう調整する役割）をつとめ、クラス担任及び大学院生がサポートをしながら進めていきます。2年前に先端クラスで始まりましたが、今年度から一貫クラスでも一部で行われるようになりました。「普段話さない人の意見も聞ける」「相手の気持ちを理解するためのものなのでとてもいいと思う」「話し合って考えることを繰り返すと最初の考えと違ったことが見えてくる」というように生徒たちの感想もおおむね好評のようです。哲学対話については、開智での実践も含めて『「こども哲学」で対話力と思考力を育てる』（河野哲也著／河出書房新書）に詳しく載っています。

先端1期生が来春卒業！

開智の授業を見て、一番印象深かったのは、生徒が楽しそうに生き生きと学んでいる姿でした。生徒の授業に対する取り組みや、生徒の表情を見ると、初めに理事長の述べた「質の高い授業」が十二分に行われていることが納得できました。

先端クラスは今年で創設6年目。来春には先端1期生が卒業します。文字通り、開智の「先端」を行く教育を受けてきた先端1期生が、大学入試でどのような結果を出すのかは、とても注目されるところです。

KAICHI

開智中学・高等学校

中高一貫部（共学）

〒339-0004

さいたま市岩槻区徳力西186

TEL 048−795−0777

http://www.kaichigakuen.ed.jp/

東武野田線東岩槻駅（大宮より15分）徒歩15分

NEWS2014

ニホンウナギが絶滅危惧種に

鰻丼《うなどん》、鰻重《うなじゅう》など、ウナギの蒲焼《かばや》きは、栄養価も高く、昔から夏バテ防止に最高などと言われ、日本人の大好物です。ところが、スイスに本部のある国際自然保護連合（ＩＵＣＮ）が、ニホンウナギを絶滅危惧種《ぜつめつきぐしゅ》として、「レッドリスト」に掲載しました。ＩＵＣＮのレッドリストは８段階ありますが、今回のニホンウナギは深刻度で上から４番目の「絶滅危惧１Ｂ」とされました。

ＩＵＣＮのレッドリストは拘《こう》束力《そくりょく》があるわけではないので、ただちにウナギが食べられなくなることはありません。しかし、再来年の2016年（平成28年）に、南アフリカで開かれるワシントン条約の会議で、ニホンウナギが絶滅危惧種に指定されれば、輸出入が規制される可能性が高く、その場合、これまでのようにニホンウナギを大量に食べ続けることは難しくなるかもしれません。また、その他のウナギへの需要《じゅよう》が高まり、値段も高くなることが予想されます。

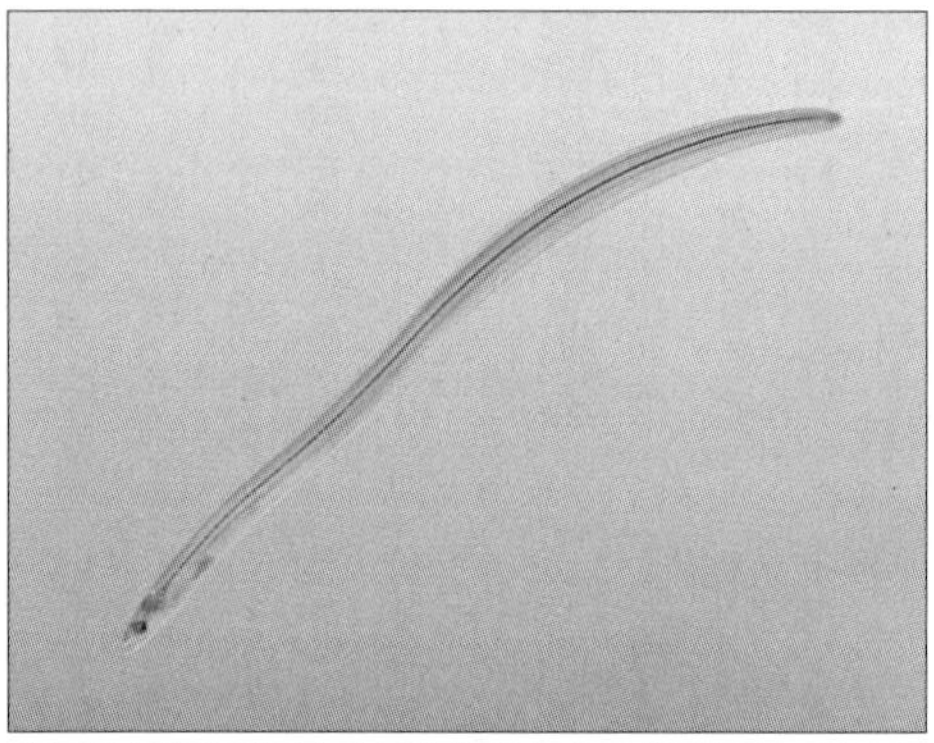

愛知県水産試験場内水面漁業研究所の養殖実験に用いられるニホンウナギの稚魚、シラスウナギ（2014年愛知県西尾市）写真:時事

ＩＵＣＮとは、世界85カ国の政府と各国の自然保護団体、科学者らによって、1948年（昭和23年）に設立された自然保護機関です。日本も加盟しています。

ウナギは世界に19種類がありますが、日本で消費されているウナギの多くはニホンウナギです。国内で消費されるウナギは年間、約３万3000t。その多くは稚魚であるシラスウナギを海外から輸入して、国内で養殖したものです。輸入の半分は中国からです。

日本は、世界のウナギの消費量の７割を消費していると言われています。

日本における消費は年々拡大して、1980年代にはヨーロッパ原産のヨーロッパウナギが輸入され、国内に流通するようになりました。

しかし、日本が大量に輸入したため、ヨーロッパウナギは激減して、2009年（平成21年）のワシントン条約で国際取引が規制されてしまいました。

こうした事態をふまえて、ＩＵＣＮは今回、ニホンウナギに関しても、消費拡大を抑制することを狙ってレッドリストに掲載したものと考えられています。

ニホンウナギが激減した主たる要因は乱獲ですが、環境の汚染も理由のひとつです。かつては国内の河川などでもウナギは豊富に獲れていましたが、環境悪化で激減しました。ニホンウナギは海で孵化《ふか》するため、海洋の環境悪化もその一因です。

流通業者の間では、東南アジアなどに生息するビカーラと呼ばれるウナギを買いつけて、日本で流通させようとの動きもあります。早くも、中国などと争奪戦が繰り広げられているとの話もあります。

ウナギは大切な食料資源です。これまでのような大量消費でいいかどうか、考えていかなくてはなりません。

入試問題なら こう 出題される 入試によく出る 時事ワード

基本問題

絶滅の危機にある動物や植物などの野生生物を［①　　］と言う。

2014年（平成26年）、国際自然保護連合（ＩＵＣＮ）は［②　　］を［①　　］としてレッドリストに掲載しました。

ウナギは世界に［③　　］種類棲息していますが、日本で消費されているウナギの多くは［②　　］です。

ウナギの養殖は日本でも盛んに行われていますが、養殖は海外でとれたウナギの稚魚である［④　　］を輸入して育てるものです。

養殖のために、中国など海外で稚魚である［④　　］を大量に捕獲するため、［②　　］の激減につながり今回の［①　　］としてのレッドリスト掲載となりました。

発展問題

これからもニホンウナギをおいしく食べ続けるために、日本人はこれからどうしていけばいいと考えますか。120字以内であなたの考えを述べなさい。

基本問題　解答

①絶滅危惧種　②ニホンウナギ　③19　④シラスウナギ

発展問題　解答（例）

世界で最も多くニホンウナギを食べている日本人は、大量消費を抑制する必要がある。また川や海でウナギが増える環境を整える努力をすべきだ。養殖技術の発展も必要で、シラスウナギを捕獲しなくとも養殖ができるようウナギの産卵の研究を進める必要がある。(119字)

共立女子第二中学校

The Second Kyoritsu Girls' Junior High School

～伝統と改革～ 自立した女性の育成を目指す共立第二の進化

大学施設を中・高の校舎としてリニューアルし、2011年1月に新校舎に移転した共立女子第二中学校高等学校。豊かな自然に囲まれた広大な敷地、そして生活空間としても快適に過ごせるよう設計された校舎で、生徒たちは落ち着いて勉強に取り組んでいます。また、先取り学習導入を中心に据えた「教育制度改革」も順調に進んでおり、進学校としての機能を強化しつつ、のびやかでしなやかな女性の育成を目指す教育をさらに進化させています。

豊かな自然と充実の施設 安心の進学システム

共立女子第二中学校高等学校は、誠実・勤勉・友愛という校訓の下、高い知性・教養と技能を備え、品位高く人間性豊かな女性の育成に取り組んでいます。豊かな自然や充実した施設を背景に、また共立女子大・短大の推薦合格を得ながらも外部大学も受験が可能な安心の進学システムの下に、伸び伸びとした教育を展開しています。

新校舎はすべてがカレッジ水準 居心地の良さが最大の特徴

2011年より利用が開始された新校舎の中心となる1号館には、各階に「オープンスペース」（全4室）が設けられています。コンセプトは「個々の居場所をさまざまなスタイルで共有するスペース」。勉強中心の教室とは別の空間をつくることで、生徒にとって家庭のように居心地のよい場所を提供したいという思いが込められています。生徒の多くがこのスペースを使って、休み時間に読書をしたり、自習したりしています。机や椅子を移動させることもできるので、グループ討議にも使用可能と、思い思いのスタイルで活用できる嬉しいスペースです。

また、教師とのコミュニケーションの場ともなっており、積極的に質問をする生徒も増えました。

この1号館などいくつかの校舎に囲まれた、バラ園も広がる美しい中庭。ブラウジングコーナー、文芸図書コーナー、学習閲覧室など、多彩な顔を持つ広い図書館。さらに自習室やランチコーナーなども新たに設置され、生徒一人ひとり、いつもどこかに居場所がある、そんな居心地のよいキャンパスとなっています。

先取り学習導入による 進学指導の強化にも注力

より付加価値の高い「進学校」を目指

八王子キャンパスの全景

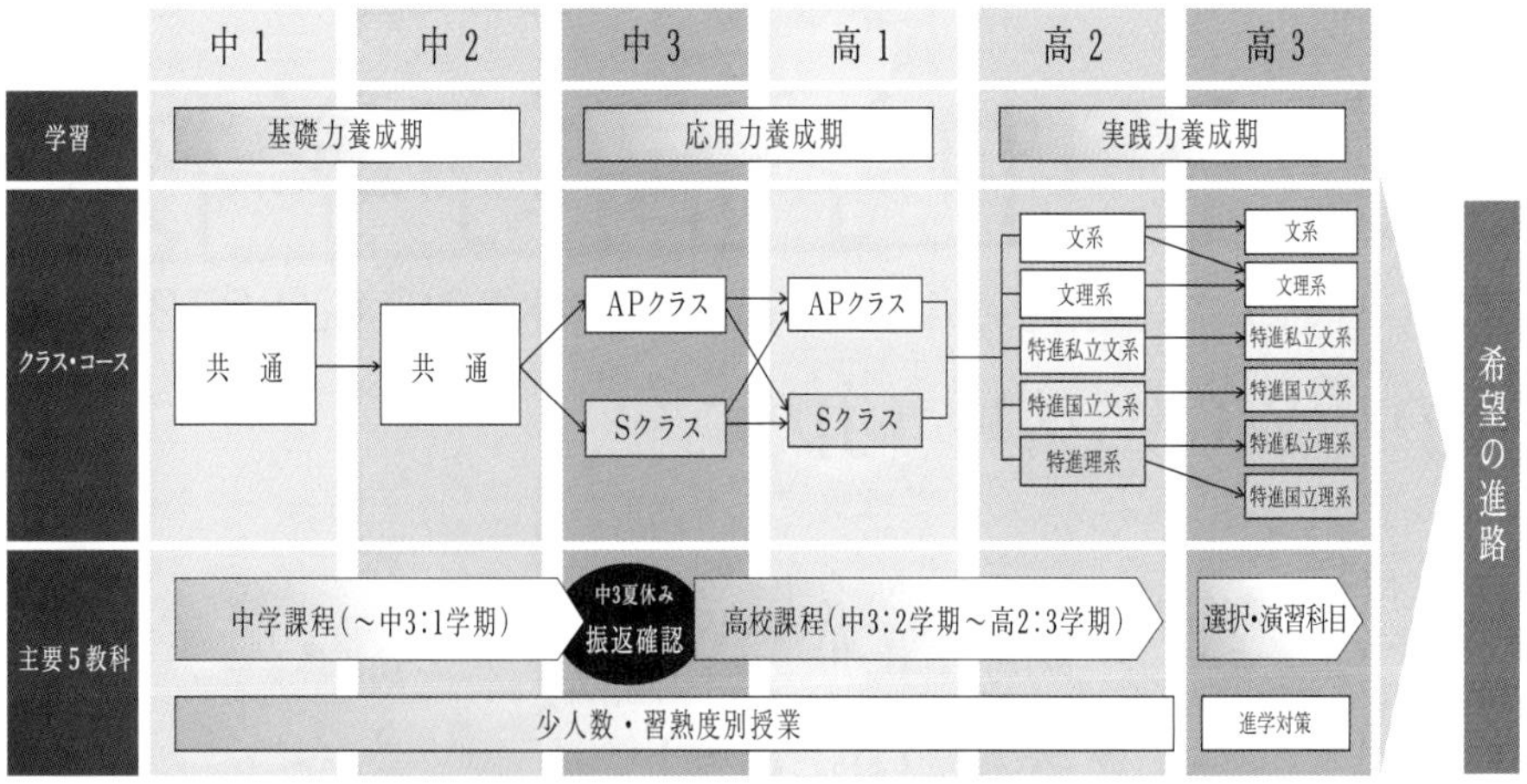

して、大規模な教育制度改革にも取り組んでいます。その先駆けとしてすでに2009年度から、中学3年、高校1年にAPクラス（Advanced Placement Class）を導入し、難関大学進学を視野に入れて深化・発展した授業を行っています。

さらに2011年度からはカリキュラムの改定も実施。中3の1学期までに中学過程を終了し、2学期から高校課程に入る先取り学習を、主要5教科すべてで開始しました。中学3年の夏休みを「中学課程全体の振り返り・確認の期間」と位置づけ、確かな基礎学力の定着を図っています。

また、無理なく先取り学習を推進できるように主要5教科の単位増を行い、行事も見直すなど、年間授業日数の増加にも取り組んでいます。

適性検査受験・給付奨学金制度～魅力的な入試制度

一般的な2科・4科試験に加えて、中高一貫校と同様の適性検査型入試も実施しています。午後入試は時間差を設けてスタート時間を選べるようになっており、受験しやすい体制を整えています。

また、入試の合計得点率により入学金や授業料等を免除する「給付奨学金制度」も設けています。S奨学生では、授業料や施設設備費を3年間免除します。適性検査型入試でもこの制度は導入されています。

■平成27年度　募集要項

	海外帰国生	1回AM	1回PM	英語特別選抜(PM)	適性検査型(PM)	2回AM	2回PM
募集人員	定めず	50名	40名	若干名	20名	30名	20名
入学試験日	1月9日(金) 9:00	2月1日(日) 9:00	2月1日(日) Ⅰ.15:00　Ⅱ.16:00	2月1日(日) 15:00	2月1日(日) 15:00	2月2日(月) 9:00	2月2日(月) Ⅰ.15:00　Ⅱ.16:00
入学試験	【学力試験】 2科(国語・算数) 【面接】 (日本語・受験生のみ)	【学力試験】 2科(国語・算数) または 4科(国語・算数・理科・社会)	【学力試験】 2科(国語・算数)	【学力試験】 2科(英語・作文) 【英会話面接】	【学力試験】 適性検査Ⅰ (国語) 適性検査Ⅱ (算数・理科・社会)	【学力試験】 2科(国語・算数) または 4科(国語・算数・理科・社会)	【学力試験】 2科(国語・算数)
合格発表	1月9日(金) 16:00	2月1日(日) 17:00	2月1日(日) 21:00 予定	2月1日(日) 21:00 予定	2月2日(月)　17:00	2月2日(月) 17:00	2月2日(月) 21:00 予定
合格手続締切	2月5日(木) 16:00	2月5日(木) 16:00	2月5日(木) 16:00	2月5日(木) 16:00	2月10日(火) 16:00	2月5日(木) 16:00	2月5日(木) 16:00

共立女子第二中学校

〒193-8666　東京都八王子市元八王子町 1-710
TEL：042-661-9952　FAX：042-661-9953
e-mail.k2kouhou@kyoritsu-wu.ac.jp

【アクセス】

※ JR 中央線・横浜線・八高線「八王子駅」南口よりスクールバスで約 20 分
※ JR 中央線・京王線「高尾駅」より徒歩 5 分の学園バスターミナルよりスクールバスで約 10 分

☆公開行事日程

白亜祭(文化祭)　9月13日(土)・14日(日)
中学 入試問題解説会①　10月11日(土)14:00～【要予約】
中学 入試問題解説会②　12月 6日(土)14:00～【要予約】

☆中学校説明会

9月 8日(月) 18:00～(ナイト説明会)
9月25日(木) 10:30～(授業参観・食育【要予約】)
10月11日(土) 14:00～(教員との座談会)
11月 8日(土) 10:30～(在校生保護者の話)
12月 6日(土) 14:00～(入試問題・出願について)
12月20日(土) 10:30～(適性検査型入試について)
1月11日(日) 9:30～(入試体験【要予約】)

浦和実業学園中学校

URAWA JITSUGYO GAKUEN JUNIOR HIGH SCHOOL

東北大・北海道大・ICU・東京外国語大に現役合格！
未来に続く11期生募集！

英語イマージョン教育で「真の英語力」を

■学校説明会

9月15日（月・祝）10:00～/ミニ文化祭
9月27日（土）13:30～/部活動体験
10月26日（日）10:00～/英語イマージョン体験授業
11月 9日（日）10:00～/入試問題の傾向と対策

■ミニ説明会

＊ミニ説明会はメール予約先着50名です。
予約メールアドレスは、開催2週間前に専用メールアドレスをHPに掲載します。

12月25日（木）18:20～　1月 5日（月）10:00～
12月26日（金）18:20～　1月 6日（火）10:00～
12月27日（土）13:30～

■入試問題学習会

11月23日（日・祝）10:00～
12月21日（日）10:00～
＊学校説明会同時開催

■文化祭

9月14日（日）
9:00～14:00

■体育祭

10月11日（土）
9:00～14:00

■公開授業

11月18日（火）～11月20日（木）
9:00～15:00

〒336-0025　埼玉県さいたま市南区文蔵3丁目9番1号　TEL：048-861-6131（代表）　FAX：048-861-6132
ホームページ http://www.urajitsu.ed.jp　Eメールアドレス info@po.urajitsu.ed.jp

ジュクゴンザウルスに挑戦！

「熟語のことならなんでも知ってるぞ」っていうジュクゴンザウルスが、「このパズル解けるかな」っていばっているぞ。さあ、みんなで挑戦してみよう。

〈答えは106ページ〉

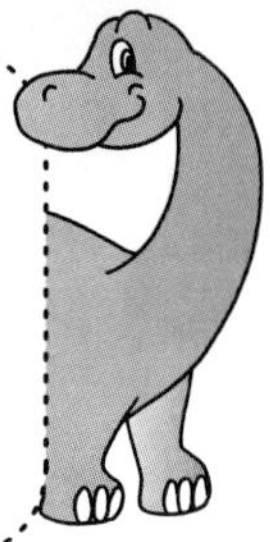

【問題】

例のように６つの熟語に共通する漢字を考えて、中央の○のなかに入れてください。○に入るのは１字です。図の矢印は熟語を読む方向をしめしています。「長」がふたつあるのがヒントです。

【例】

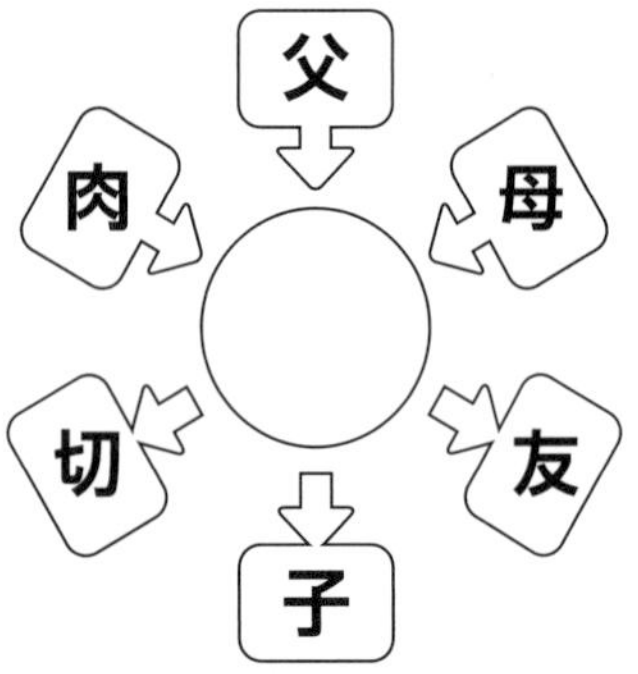

【例の答え】＝親　肉親（にくしん）、父親（ちちおや）、母親（ははおや）、親切（しんせつ）、親子（おやこ）、親友（しんゆう）

【問題】

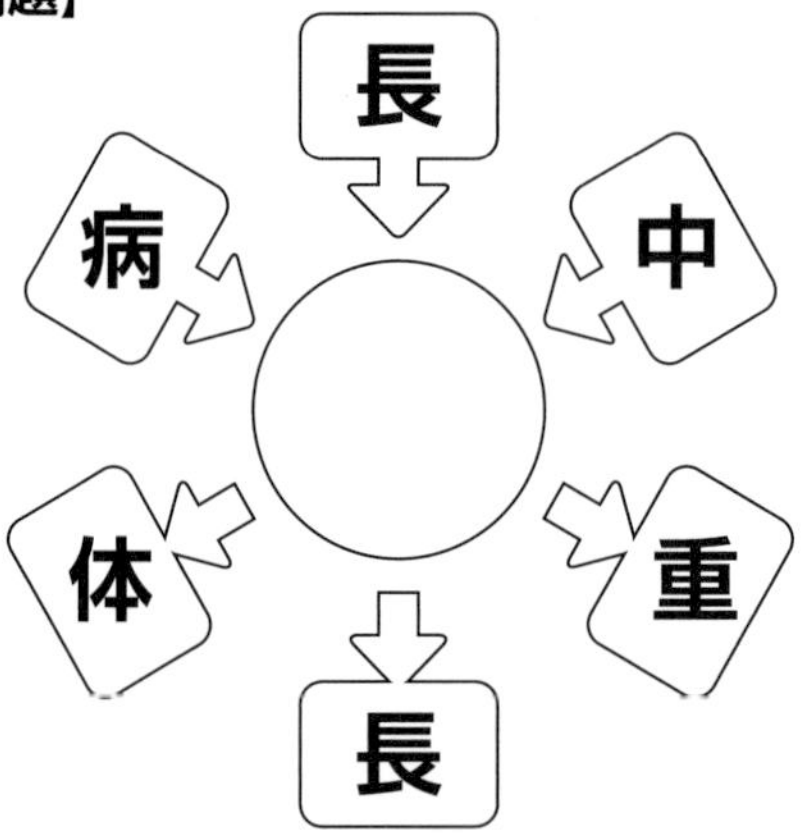

pick up

昌《しょう》平《へい》中学校

Tクラス新設!!

School INFO.

所在地
埼玉県北葛飾郡杉戸町下野851

TEL
0480-34-3381

アクセス
東武日光線「杉戸高野台駅」徒歩15分・バス5分、JR宇都宮線・東武伊勢崎線「久喜駅」バス10分

2010年（平成22年）に開校した昌平中学校。１期生が高校３年生となる2015年度（平成27年度）より、世界の文化や価値観の違いを理解し、広い視野を身につけるための「グローバル人材育成プログラム」がスタートします。

グローバル人材育成 プログラム スタート!!

近年、勢いよく大学合格実績を伸ばしている昌平中学校（以下、昌平）では、来年度入学生から「グローバル人材育成プログラム」をスタートさせます。

これはグローバル化社会に対応できる人材を育てるための一連の教育プログラムです。これまでに行われてきているものもありますが、それを整理し、よりしっかりとした目的意識を持って各教育プログラムを実施していきます。

①「プロジェクト学習」②「パワー・イングリッシュ・プロジェクト」③「国際交流の実践」④「SW（スペシャル・ウエンズデイ）」⑤「IB（国際バカロレア）の導入」というグローバル人材育成プログラムの各プログラムのなかから、今回はその柱となる「プロジェクト学習」についてご紹介します。

様々な力が磨かれる プロジェクト学習

プロジェクト学習は、「世界」をテーマに中学の3年間、生徒たちが自分たちで課題を見つけ、調べ、まとめ、グループで発表していくプログラムです。月に1度、毎回3時間程度かけてじっくりと進めていきます。各学年の実施内容は中1が「世界は面白い」、中2が「世界は違う」、中3が「世界と働く」です。

城川《きがわ》雅士校長先生は「世界に関することであれば調べる対象はなんでも構いません。その過程で『国、文化、宗教などの違いでこれだけ価値観が違ってくるんだ』ということを分かってもらい、さらにその違う価値観をすり合わせることができる力をつけてもらいたいと考えています。**世界に出れば価値観が違うのは当たり前で、そのなかで自分の立ち位置をいかに作っていくかを学んでほしいのです**」と話されます。

プロジェクト学習の狙いのもうひとつは、自分たちで調べ、まとめ、発表するという手順を経ることによって、プロジェクト学習以外の通常の教科学習でも自立的な学習ができるように促していくことにあります。発表にいたるプロセス自体を生徒たち自身で作っていくことで、自発的に学習できるようになるなど、学習能力の向上や成長につながると城川校長先生は話されます。日本の教育においては、生徒が自分で学ぶという部分が弱いということも言われますが、昌平生はプロジェクト学習をとおして、そうした力も身につけることができるのです。

そんな昌平のプロジェクト学習を、中心となって進めているのがプロジェクト学習検討委員会委員長の前田紘平先生です。アメリカ生まれの帰国子女で、早稲田大を卒業後、一度企業人として海外で働いたあとに昌平で社会科の教師となりました。

「彼のような多様な実体験を積んでいる先生が、生徒へ問題点を提起したり、観点の違いの重要性を懸命にヒントとして与えてくれています」（城川校長先生）

Tクラス新設

プロジェクト学習をはじめとする「グローバル人材育成プログラム」は、最難関大学合格を目標とした「Tクラス」（2015年度入試より導入）とともに、昌平中学校の大きな特色のひとつとなっていきそうです。

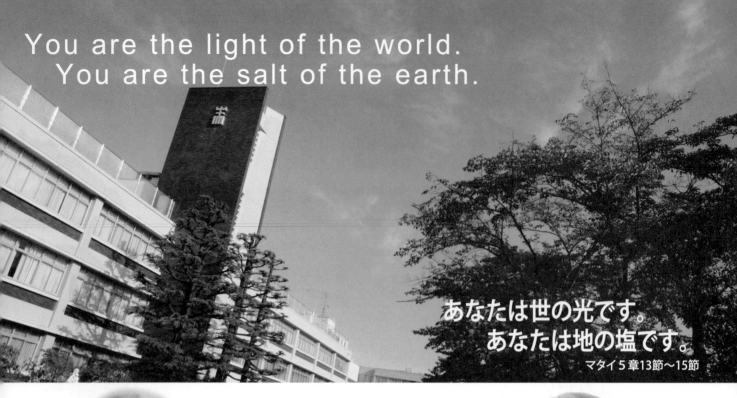

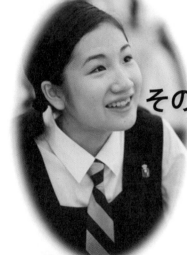

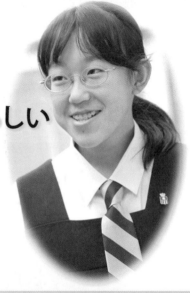

＼親子でやってみよう／

科学マジック

「ベンハムのコマ」の不思議

今回は「ベンハムのコマ」と呼ばれているコマを紹介します。白と黒で描かれたコマの模様が、コマをまわすと白黒以外の色が浮かびあがってくるのです。さあ、お父さん、お母さんと一緒に早速やってみましょう。

1 用意するもの

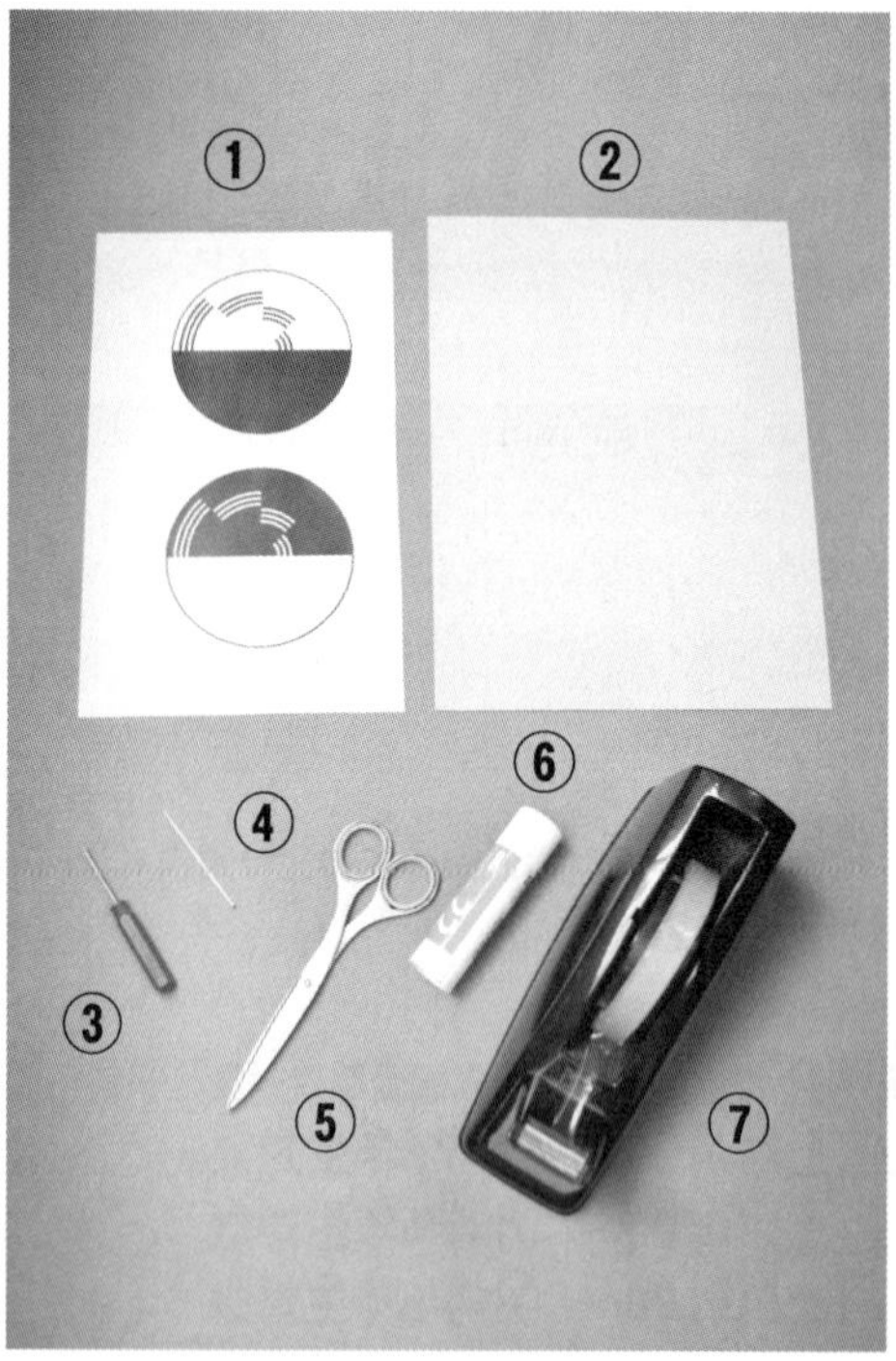

①コマの模様（左ページの絵をコピーする）②厚紙 ③穴あけ用キリ ④つまようじ ⑤はさみ ⑥のり ⑦透明テープ

2 コマの模様を切り取る

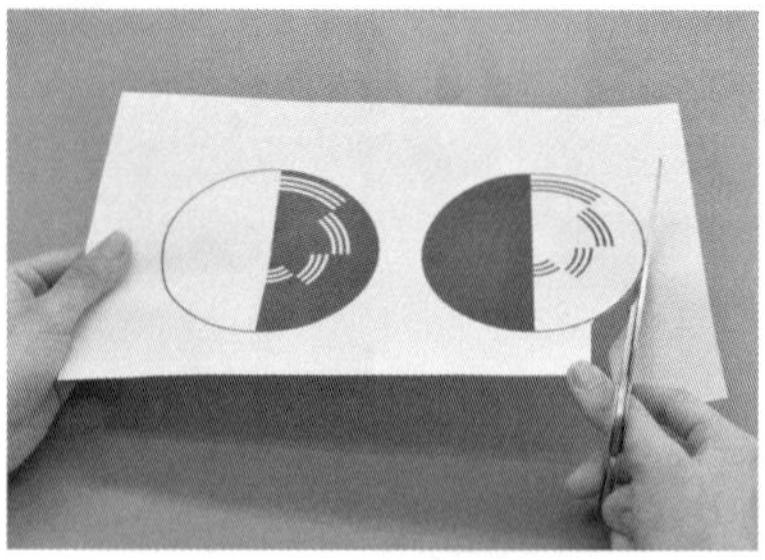

はさみで、コピーした紙から絵を切り取ります。これがコマの模様になります。

3 丸い厚紙に貼ってコマをつくる

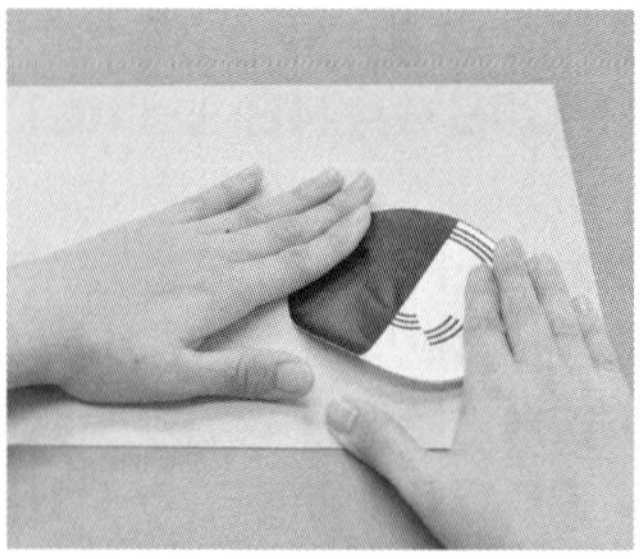

厚紙に切り取った絵をのりで貼りつけたあと、丸く切り取ります。裏側にもうひとつの絵を貼りつけましょう。

←88ページに続く

コマの模様

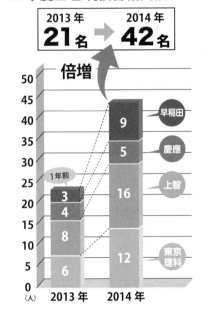

4 中心に穴を開けてコマをつくる

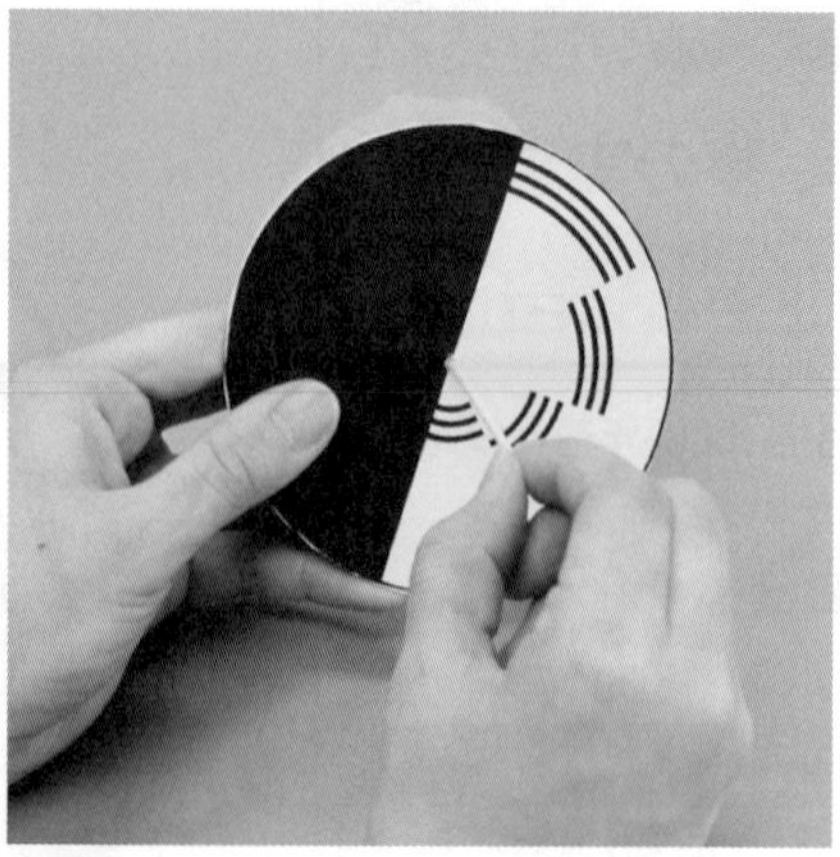

厚紙の中心にキリで穴を開け、つまようじを差し込んで透明テープで留めます。つまようじのとがった部分は折り取り、コマの両側に1㎝ぐらい出るようにします。

5 コマをまわしてみよう

広い机やテーブルの上でコマをまわしましょう。

6 コマの上に色が見える！

よく見てください。白と黒の模様なのに薄く色が見えます。
人によって違いますが右向きに回すと内側が赤っぽく、外側は青っぽく見えます。逆向きだと逆に内側が青っぽく、外側が赤っぽく見えます。裏返して、裏の模様でもやってみましょう。

解説

1895年、イギリスのおもちゃ製作者のチャールス・ベンハムさんが白と黒で上面を塗り分けたコマを発売しました。以来、このコマは「ベンハムのコマ」と呼ばれています。

人によって見える色も違います。錯視と言われていますが、なぜ色がついて見えるのかは、まだはっさり分かっていないのです。

白黒の模様をまわすと色が見えるのは、この模様だけとは限りません。黒色ペンでいろいろな模様を描いて実験してみましょう。

描く100年　創る100年

女子美が目指したのは、女子の新しい生き方を世の中に示すことでした。

私たち女子美生は、創立したその時から「描くこと」「創ること」によって、自分自身を輝かせ、
日本の女の子たちを勇気づけ、社会をゆっくり大きく変えてきました。
この確かな歩みは、これからの100年も変わることなく、一層力強く続いてゆきます。

女子美付属の100年の歴史に新たなる輝きを。
これからの100年に挑む女子美生の使命です。

■平成26年度　受験生対象行事

9月27日(土)	公開授業	8:35〜12:40
10月4日(土)	公開授業	8:35〜12:40
	学校説明会	14:00〜
10月25日(土)	女子美祭(ミニ説明会実施)	10:00〜17:00
10月26日(日)	〃	〃
11月22日(土)	公開授業	8:35〜12:40
11月29日(土)	公開授業	8:35〜12:40
	学校説明会	14:00〜
12月6日(土)	ミニ学校説明会	14:00〜
1月10日(土)	ミニ学校説明会	14:00〜

●本校へのご質問やご見学を希望される方には、随時対応させて頂いております。お気軽にお問い合わせください。

■女子美祭

10月25日(土)〜26日(日)

〈進学説明会〉

10月25日(土)　①10:30〜　②13:30
26日(日)　①10:30〜　②12:30〜　③14:30〜

付属中学・高校・大学まで同時に開催される本校のメーンイベントです。
生徒全員の作品展示のほか、盛りだくさんの内容でお待ちしています。

■女子美二ケ中学生・高校生美術展

9月27日(土)〜10月4日(土)
10:00〜17:00　本校エントランスギャラリー

■高等学校卒業制作展

3月2日(月)〜3月8日(日)
9:30〜17:30　東京都美術館

女子美術大学付属高等学校・中学校

〒166-8538　東京都杉並区和田 1-49-8　TEL 03 - 5340 - 4541　URL http://www.joshibi.ac.jp/fuzoku/

2015 100th ANNIVERSARY

中央大学附属中学校

注目!!

京都・奈良移動教室

計画性のある自由行動が生徒を育てる

中央大学附属中学校（以下、中大附属中）では、中2の10月下旬に3泊4日の京都・奈良移動教室を行います。年によって内容は少しずつ変わりますが、授業で学ぶ建造物などを実際に現地で見ることを目的としています。そんな移動教室の昨年度の内容をご紹介します。

1日目は大阪城（大阪）、法隆寺（奈良）を見学し、2日目は奈良公園を散策後、京都に移動しました。

「昨年は授業にリンクさせるため大阪城も見学しました。京都の妙心寺では坐禅体験をしています。お寺の方に精神統一の仕方などの手解《てほど》きを受け、実際に約15分間坐禅を組みました。希望者や、うまく精神統一できない生徒は警策で肩を叩かれます。このように本校は実際に体験するということを大切にしています」（引率した学年主任の髙瀬徹先生）

夜は京都の旅館で部屋ごとに京懐石の夕食をとりました。部屋のテレビには料理や食べ方について説明するビデオが流されるので、生徒は学びながら食事をすることができます。平素より食育に力を入れている中大附属中ならではのプログラムです。

3日目は、電車とバスが乗り放題になるフリー切符を使った班別の自由行動です。行き先は金閣寺や清水寺など班によって様々でした。

あらかじめ班には京都の地図と交通機関の時刻表が載っているガイドブックが配られています。生徒たちはその本を見ながら、事前にどの交通機関を使って、何時にどこへ行き、何を見るのかを班ごとに話しあい、細かい予定表を作っています。

全体でも京都・奈良についての事前学習を行いますが、自由行動の行き先についても図書館などを利用して各自で調べています。

計画の立て方は、川越（中1）やマスコミ見学（中2）のワンデーエクスカーション（日帰りの移動教室）ですでに身につけています。

「生徒は地図の縮尺を考えながら移動時間を計算し、計画を立てています。中1の川越でも、ほぼ全ての班が計画通りに行動していました。そのような下地があって京都・奈良の班別行動があるのです。

楽しい雰囲気が伝わってきます。

静かな時間が流れる坐禅体験。

ガイドさんの説明を熱心に聞いています。

授業で学んだ法隆寺を見学。

自由行動には教員の巡回だけで付きそうことはありません。各班にはGPS付きの携帯電話が渡されていて、本部では提出済みの予定表と照らしあわせながら各班の位置をパソコンで確認しています。迷っている班や予定と違うところにいる班には電話をかけるなど、安全を確保しながら行っています」（髙瀬先生）

3日目の夜には手鏡や花瓶などの絵付け文化体験も行われました。

最終日である4日目は、クラス単位の自由行動です。クラスごとに計画を練って延暦寺や京都御所など、様々な場所を訪れました。

このような盛りだくさんの4日間が終わると、事後学習として班ごとにレポートを提出します。

「事前学習だけでなく事後学習もしっかりと行っているので、移動教室で訪れた場所を授業で取り扱うと、生徒が文字や写真といった2次元ではなく、3次元としてイメージしながら学んでいるのを感じます。

また、移動教室によって、生徒は自身で考え自ら行動できるようになっていきます」（髙瀬先生）

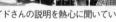

School Data
所在地　東京都小金井市貫井北町3-22-1
TEL　042-381-7651
アクセス　JR中央線「武蔵小金井駅」徒歩18分またはバス6分

学校生活を彩る楽しい行事が充実している中央大学附属中学校。そのなかから、昨年度の京都・奈良移動教室と修学旅行の様子をご紹介します。引率された先生方にお話をお伺いしました。

修学旅行

学校として行くからできる体験の数々

２０１３年（平成25年）に行われた修学旅行では、10月31日から11月３日までの３泊４日で沖縄県を訪れました。２期生の旅行ルートは1期生のものを参考にしながら、修学旅行委員会（各クラス２名）で検討を重ね「修学旅行でなければできないことを体験したい」との考えから、個人旅行では味わえない体験をメインに据えたプランが組まれました。

まず、１・２日目には歴史を学ぶ施設をめぐり、平和学習を行いました。１日目に訪れたのは嘉数高台と沖縄県立博物館で、２日目には糸数《あぶちら》壕《がま》や平和祈念公園、ひめゆり平和祈念資料館などを訪れるとともに、各所で戦争に関する話を伺い、沖縄の歴史に対する理解を深めました。

「糸数壕では戦争経験者のお孫さんたちも所属しているガイド団体の方にお話を聞きました。『うちのおじいさんはここでうめき声を聞いた』、『真っ暗な中ですごく怖い思いをしたらしい』といった話を聞くことで実体験として感じとり、戦争に対していろいろなことを考えてもらいたいと思っています」（引率した堀口勝裕先生）

３日目は恩納村に移動し、個人旅行では体験が難しいものを、という観点で企画された６コース（「自然観察・海」、「自然観察・川」、「自然観察・山」、「米軍関係者宅ホームステイ」、「琉球文化体験」、「琉球史を学ぼう」）の中から１つを選択し、体験学習を行いました。堀口先生によると「１番人気はカヌーに乗って川下りをする『自然観察・川』で、シュノーケリングをする『自然観察・海』と『米軍関係者宅ホームステイ』が同数で２番人気でした。また、山歩きをする『自然観察・山』が予想を超える人気を呼びました。理科好きの生徒が多いので、ヤンバルクイナなどの沖縄の生物を観察したい子が集まりました」とのことで、それぞれ体験学習を満喫したようです。

さらに３日目の夜には豚の丸焼きやヤギ汁などの伝統料理を地元の方々に作って頂き、伝統芸能であるエイサーを踊りながら、楽しい夕食のひとときを過ごしました。

みんなで楽しくエイサーを踊ります。

沖縄の海を前にして、気持ちも高まります。

「自然観察・川」コースを選んだみなさん。

沖縄の歴史について真剣に学んでいます。

そして最終日は、首里城を見学後、国際通りで自由散策をしました。自主自律をうたう中大附属中では、修学旅行をとおして自主性・自律性を養うことも視野に入れているため、自分たちで物事を考え、自主的に行動する機会が設けられているのです。

また、旅行前には事前学習を行い、旅行後にはレポートを１人ずつ提出します。「レポートの内容は様々ですが、どの生徒も現地に行かなければ分からなかったことをいろいろと考えながら４日間を過ごしてくれたようです」と堀口先生。

沖縄という土地だからこそ、そして、学校として行く修学旅行だからこそできる数々の貴重な体験を用意しているのが、中大附属中の修学旅行の魅力と言えます。

●学校説明会
両日とも12:00～14:30
9月27日(土)
11月 8日(土)

●open campus
8月30日(土)　10:00～
※体験授業の申込は締め切られていますが、体験授業以外のイベントには参加できます。

●文化祭(白門祭)
両日とも10:00～16:00
9月20日(土)
9月21日(日)

学ナビ!! School Navigator vol. 065

東京　江東区　女子校

中村中学校

NAKAMURA Junior High School

自律した女性を育てる教育

2009年（平成21年）に創立100周年を迎え、完全中高一貫校となった中村中学校・高等学校（以下、中村）。

中村が重視しているのは「他者を認め、理解し、お互いを尊重しあい、そして、自分自身の存在も大切にする」という共生社会の考え方。この考えは学校生活のいたるところに根づいており、例えば、キャリア教育の場では、「一人ひとりに違う進路があることはとても素晴らしいことなので、お互いの進路を尊重しあおう」という指導がなされています。

こうした指導のもと実施しているキャリア教育は、30歳の自分を思い描くことで将来設計を行い、多様な取り組みをとおして夢を実現する力を身につけていきます。なかでも、年間20本の小論文を書くことを目標とした「100本表現」などの企画がある「100+1000プロジェクト」は、創立100周年を記念して始まった、中村ならではの取り組みと言えます。

また、卒業生が来校する機会も多く、社会で活躍する卒業生との交流が在校生のいい刺激となるなど、学校生活の様々な場面がキャリア教育の一助となっています。

◇特色ある国際科◇

キャリア教育と並んで国際教育にも力を入れている中村には、高校から国際科が設置されています。国際科の特色は高1の1月から高2の11月まで海外で留学生活を送ること。そして、入学時からTOEFL対策カリキュラムを導入し、積極的に英語力の強化に取り組んでいる点です。

そして、海外大学を目指す生徒への進学指導も充実しているため、国際科生徒の進学先には海外大学も見られます。また、中学では希望者向けにサマーキャンプやサマースクールが実施されています。

このように、中村中学校・高等学校では、キャリア教育と国際教育を2本柱にしながら、自立した女性を育てています。

School Data

中村中学校

東京都江東区清澄2-3-15

地下鉄半蔵門線・都営大江戸線
「清澄白河駅」徒歩1分

女子のみ300名

03- 3642-8041

http://www.nakamura.ed.jp/

学ナビ!! School Navigator vol. 066

東京　北区　共学校

東京成徳大学中学校

TOKYO SEITOKU UNIV. Junior High School

創造性のある自立した人間を育成

東京成徳大中高一貫コースの教育のテーマは「創造性と自律」です。6年間の時間のなかで生徒個々の特性を大切にしながら、一人ひとりじっくりと育てていくことを目標としています。そのなかで、不透明な未来にも柔軟に自分を発揮しながら、賢く、たくましい道を切り拓いていける人間力にあふれた人格を養成していきます。

机上での確かな学びとともに、たんなる自分勝手な学力ではなく実社会で発揮する能力を養うための、豊かな人間関係による様々な学びの経験ができる理想の教育環境があるのです。

◇意欲を喚起する6年間◇

中高6年間という期間の持つ大きな可能性のなかで、学力伸長のために計画的・段階的な学習プログラムにより個々の成長が主体的な意欲を伴ったものとなるように展開します。中学3年間で国・数・英3教科の時間を多くとり、無理のないペースで高校レベルの先取り学習が行われます。

特に、英語力の強化は大学入試はむろんのこと、グローバル社会における必須能力ととらえ、週8時間の授業時間のうち3時間を専任のネイティブによるコミュニケーション能力向上のための時間にあてています。残りの5時間は大学入試にも十分対応できる英語力向上のための時間としています。

土曜日には、中1・中2の間は午後（5・6時間目）にサタデープログラムと呼ばれる独自の講座が用意されており、コンピューター系・理科系・芸術系・英会話・英語・数学のなかから好きなものを選び、普段の授業ではできない深い内容を自分のペースで取り組むことができる選択講座があります。

高校生になると希望進路により4つのコースに分かれます。長期休暇中には講習や勉強合宿が開かれるなど、生徒の夢の実現に向けて全力でバックアップが行われています。

School Data

東京成徳大学中学校

東京都北区豊島8-26-9

地下鉄南北線「王子神谷駅」徒歩5分、JR線「東十条駅」徒歩15分

男子209名、女子246名

03-3911-7109

http://www.tokyoseitoku.jp/

MOTHER PORT SCHOOL

SENZOKU GAKUEN JUNIOR & SENIOR HIGH SCHOOL 6-YEAR COURSE

さらに大きく可能性を拓く舞台へと

女性の活躍が各分野でキラキラと輝き始めています。
能力を発揮し、才能を煌めかせる時が訪れています。
洗足は、そんな時代に生きていく生徒たちの資質を磨き、
能力を高めていくために、様々なチャレンジを行いながら、
その教育を進化させ続けています。
洗足は、卒業後も変わらぬ母港として、
あなたの素晴らしい開花を一緒に実現していきます。

Information2015

一般対象 学校説明会	9/30(火) 10:00〜12:30 授業見学可	11/29(土) 14:00〜16:30 体験授業実施	
帰国生対象 学校説明会	11/ 4(火) 10:00〜12:30 授業見学可		
Night説明会	10/31(金) 19:00〜20:30		※9月以降予約開始
入試問題説明会	12/13(土) ●午前の部 8:30〜12:15 ●午後の部 13:00〜16:45		※11月以降予約開始
オープンキャンパス	10/11(土) 13:00〜17:00		※8月以降予約開始
洗足祭	9/14(日)・15(祝) 9:00〜15:00 ※入試相談コーナー開設		
学校見学 個別相談	2014年5月中旬〜2015年1月末までの間(日曜日・祭日及び8月10日〜20日を除く) 平日10:00〜17:00 土曜日10:00〜16:00 ※ご希望の方は事前に下記までご連絡ください。		

洗足学園中学校

〒213-8580 神奈川県川崎市高津区久本2-3-1 Tel.044-856-2777
URL http://www.senzoku-gakuen.ed.jp

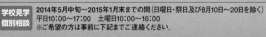

開智日本橋学園中学校【共学】

開智日本橋学園の国際バカロレア教育を探る

「ハーバード、ケンブリッジ、東大、早慶…６年あるから夢じゃない！」を合言葉に来年４月に誕生する「開智日本橋学園中学校」。アクティブ・ラーニングなど様々な新しい教育が取り入れられますが、その中で一番特徴的なのが「国際バカロレア」の教育を取り入れることです。世界トップレベルの学力を養成し、平和で豊かな社会の実現に貢献するリーダーを育てる、という「開智日本橋学園中学校」を取材しました。

【取材ＳＥ企画】

日本の中心・日本橋から世界の一流大学へ

「国際バカロレア」とは、スイスのジュネーブに本部を置く「国際バカロレア機構」が認定する、国際的に認められた大学入学資格のことです。「開智日本橋学園中学校」では、国際バカロレアのプログラムに準拠した学習を行います。

「まず、中学1年から高校1年まで行うのがＭＹＰ（中等教育プログラム）です」と語ってくださったのは、このプログラム導入の中心となっている副校長の宗像諭先生です。

続けて宗像先生は「ＭＹＰの授業内容は日本の中学・高校と同じようなものですが、学習の方法が異なります。教科の授業は、単に知識を学ぶのではなく、学ぶ内容が実社会とどのように関連を持っているのかをしっかり踏まえて探究的に学びます。さらに、教科間の関連性を重視して授業を進めます。

また、この4年間は、世界には色々な文化や言語があることを理解し、それらを尊重する精神を養うとともに、その基となる日本の文化や伝統、歴史や言語をしっかり学び、アイデンティティを確立する学びに力を入れます。

さらに、コミュニケーションを重視し、教師と生徒の対話をもとに授業を進める双方向型授業や、教師が与えた疑問や課題を生徒たちがグループワークやペアワークを通して解決していく協働型の授業を多く取り入れます」と熱く語ってくださいました。

≪学校説明会・行事日程≫

	日　程	時　間
学校説明会	8月30日(土)	10:00～
	10月11日(土)	10:00～
	10月26日(日)	10:00～
	11月　1日(土)	10:00～
	11月29日(土)	10:00～
授業体験	8月30日(土)	10:00～
	10月26日(日)	10:00～
授業見学会	10月　1日(水)	10:00～
入試情報会	11月16日(日)	8:30(予定)
	12月14日(日)	8:30(予定)
文化祭(女学館祭)	9月27日(土)	10:00～
	9月28日(日)	10:00～

※詳しい内容は、ホームページ等で順次発表いたします。お問い合わせは「広報部」までお願いします。

英語はじっくり、たっぷりと。他の教科と関連を持ちながら学びます

　国際バカロレアのプログラムを取り入れるということは、やはり英語に力を入れるということになるのでしょうか。この点について宗像先生は「ほとんどの生徒にとって、英語を本格的に学ぶのは中学校からです。この、スタート時期にどのように英語を学ぶかということが、今後の学習にとって非常に大切になります。開智日本橋学園中学校では、英語の授業を週8時間行います。その他、夏・冬・春の講習で、たっぷり英語につかり、じっくり学んでいきます。

　英語の授業では、数学や理科などの内容を題材にして学んだり、それ以外の教科でも、その教科に関連する単語や言葉を英語ではどう表現するのかなどを学んだりします。

　高校2年からは国際バカロレアのDP（ディプロマプログラム）で3分の1の教科を英語で学ぶことになるので、それまでの4年間で、それに対応できる十分な英語力を養います」と語ってくださいました。

高2・高3ではDP、国立理系など5コース編成

　次に、高校2年・高校3年の学習内容について、もう少し具体的なお話を紹介したいと思います。説明してくださったのは、進路指導部長の川田孝二先生です。

「高校2年からは、大学進学に向け、国際バカロレアのDP（ディプロマプログラム）コース・国公立理系・国公立文系・医学系・私大系の5つのコースに分かれます。

　ディプロマコースの国語、英語、数学、物理・化学・生物、地歴・公民といった教科は、日本の高校の授業を越えたハイレベルの内容を学習します。これらの教科とは別に、自分で研究課題を決め調査・観察・実験を行い結論をまとめるEEという課題作文、学際的な学問分野の知識体系のもとに理性的な考え方や論理的思考力を養うTOK（知の理論）、ボランティア活動や体育的活動、創造的な活動を行うCASなど、多様な学びを行います。

　このような学びがハーバード、ケンブリッジ、MIT、エールといった海外の大学が求める、知識偏重ではない、創造型、発信型、探求型の生徒を育てていきます。卒業までにディプロマ資格を取得するための統一試験を受験します。この資格は、海外の大学や、日本でも大阪大、筑波大など多くの大学で入学許可資格として認められています。

　その他の国公立理系・国公立文系・医学系・私大系のコースでは、高校2年までに3年までの内容を確実に学び、高校3年では大学進学に向け徹底した対策学習を行います」

　先生方のお話を伺うと、「ハーバード、ケンブリッジ、東大、早慶…6年あるから夢じゃない！」という合言葉が、とても現実的なものに思われてきました。（なお、バカロレア候補校の申請は10月に行う予定です）

　最後に「これからの学校説明会で新しい情報をどんどん提供していきます。ご期待ください」というコメントをいただきました。開智日本橋学園中学校、ますます目が離せません。

開智日本橋学園中学校

〒103-8384　東京都中央区日本橋馬喰町 2-7-6
TEL　03-3662-2507
http://www.njk.ed.jp

＜アクセス＞
JR総武線・都営浅草線「浅草橋駅」徒歩3分
JR総武快速線「馬喰町駅」徒歩5分
都営新宿線「馬喰横山駅」徒歩7分

教えて中学受験Q&A

6年生

Question

**学校説明会へ参加する際に
注意するポイントは？**

秋ごろから各私立中学校で学校説明会が多く開かれます。来春の受験に向けて志望校がまだ決まっていないので、なるべく参加しようと思うのですが、どんな点に注意したらいいですか。また第１志望の場合、同じ学校に何回も行くべきですか。

（東京都杉並区・Ｋ．Ｔ）

Answer

**まずは教育内容の説明に耳を傾けて。
在校生のようすにも注目しましょう。**

学校説明会は各校の教育内容を知ってもらうことを目的として開催されます。入学後のミスマッチを防止するためにも、受験を考える学校は、併願校も含めて説明会に参加してみることをおすすめします。私立の場合、独自の建学の精神に基づいて教育を展開しており、その具体的な内容が説明会で話されるので、まずはじっくりと聞いてみてください。そして、学校行事や、日々の学習や授業の進め方、将来の進路に対する姿勢なども確認しておきたい事項です。同時に、在校生のようすも観察しましょう。生徒の表情から読みとれるものは少なくないはずです。

そして、同一校の説明会に何回も行くべきかについては、内容が同じ場合は、繰り返し参加する必要はないと思います。一方、各回ごとに内容が異なり、学校が複数回の参加を前提にしている場合は、無理がない範囲で参加してみてはどうでしょう。また、受験生本人が参加できる催しを行う学校もありますので、機会があれば参加してみてください。

疑問がスッキリ！

2～5年生

Question

塾に行くと偏差値に振り回されそうで不安です。

私は、昨今の偏差値重視のあり方に疑問を持っています。現在、小学校３年生の長女がいます。個性を重視する私立中高の教育を受けさせたいと思うのですが、進学塾に入れると偏差値に振り回されてしまうような気がしています。どのような姿勢で臨むべきでしょうか。

（埼玉県所沢市・Y．S）

Answer

進学塾は偏差値に対して正しい認識を持っているものです。

偏差値のみを重視することは、多くの方が好ましくないと考えているはずですし、その弊害も指摘されています。そもそも偏差値とは、数学・統計学における「標準偏差」の概念を便宜的に特定の志望校への合格可能性を判定する尺度として用い、母集団における相対的な位置づけをしめすものにすぎません。そして、「進学塾＝偏差値偏重」の図式は、現実と合致していないと言えます。志望校合格を目的としている進学塾では、偏差値を学力伸長の目安として注意深く見守っていますが、あくまでも到達度をはかる基準のひとつとしてとらえています。むしろ、塾関係者の方が、偏差値の弊害を正しく認識している部分もあるのです。

ですから、進学塾に通い始めたからといって、偏差値だけを気にしてテストや模試の数値に一喜一憂するのではなく、「何のために学ぶのか」という点を忘れずに勉強することが大切です。そこがきちんと押さえられているなら、偏差値に振り回されることはないでしょう。

＼注目校／

武蔵野中学高等学校

「他者理解」からグローバルへ

「他者理解」――ここには身近な家族、友達はもちろん、世の中のさまざまな人と共感し、支え合うという理想が込められています。1912年創立より現在まで貫かれてきたこの教育理念、これからも武蔵野は世界で通用するグローバル人材の育成を目指します。そのため、あらゆる教育活動の機会を通じて他人の立場に立って行動することの大切さ、自分らしさを生かして努力することのすばらしさを教えます。

「英語で学ぶ」独自教育を展開

武蔵野の英語教育は、単に受験目標とした文法に力点をおいた従来の日本の英語教育とは異なります。英語を「コミュニケーションツール」として身につけることにその重点をおいています。英語を「言語として」習得するためには、トータル２０００時間以上、継続して学習する必要があるといわれています。そのため武蔵野では週10時間、6年間で２０００時間以上、英語の授業を確保しています。さらに海外留学や研修を加えることにより6年間で３０００時間以上英語に触れる機会があります。

日常の授業は週10時間のうち、6時間を専任の外国人教師が、残りの4時間を留学経験のある日本人教師が担当しています。週6時間の外国人教師による授業では、武蔵野独自のプログラム「LTE（Learning Through English）」を展開し、単に「英語を学ぶ」のではなく「英語で学ぶ」ことにより、英語力のみならず他教科でも通じる力を習得していきます。毎時間、国際問題や世界の地理、理科の実験や天体など、1つのテーマ（トピック）を英語で考え・整理し・発表するワークスタイルで進められます。個人で行うこともあれば、グループになって実施することもあります。このようなワークスタイルの授業のなかで、社会に出て必要とされる7つの力（共有する・探求する・表現する・挑戦する・助け合う・自己管理する・自分を振り返る）が自然と身につき、アイディアや意見の共有、ディスカッション能力などグローバル社会で必要なコミュニケーションスキルを英語力とともに身につけます。

また、一方で大学受験対策として文法、語彙《ごい》、長文読解の指導は日本人教師による週4時間の授業で専門的にカバーしています。単に知識豊富なだけでなく、「社会を生き抜く力」が育まれ、高校卒業後は国内はもとより海外の大学も視野に入れた進路に向かって、さらなる飛躍を目指します。

2015年1月より 3ヶ月留学制度開始（ニュージーランド）

校内のLTEで培った英語力を存分に発揮すべく、中学校から入学した全生徒を対象に、高校1年の1月から3ヶ月間、ニュージーランドへ留学します。初めの1週間で英語準備コース研修を行い、その後、教育水準の高い現地高等学校へ編入し

School Data

所在地：東京都北区西ヶ原4-56-20
TEL:03-3910-0151
http://www.musashino.ac.jp/
アクセス：JR線「巣鴨駅」下車徒歩15分　都電荒川線「西ヶ原四丁目」下車徒歩5分

ます。

　留学中は現地校が紹介する家庭にホームステイし、ニュージーランドの歴史や文化も学びながら、自然を学ぶためのフィールド・ワークも体験します。

　留学後は英語の資格取得に向けたサポートが行われますし、通常通り、2学年に進級できます。また、留学とは別に希望者はワシントンD.C.への短期海外研修に参加することも可能で、期間中はボランティア活動などアメリカの高校生の日常を凝縮したプログラムを体験します。

先進のICTシステムの日常的利用

　中学校から入学した全生徒にタブレット端末を貸与しています。校内や林間学校施設はWi-Fi環境が整備されており、いつどこででも、身近なツールとして使用することができます。Web検索ばかりでなく、プレゼンテーションや動画作成など、自分から発信することにより活用し、情報リテラシーの向上を図っています。また、授業中は電子黒板とも連動、課題の答えを共有することから一人一人の異なる視点に基づく導き方を討論し、考え方を発表することにより多角的な思考を身につけます。

充実の教育環境と活力溢れる校内

　武蔵野は山手線の駅から徒歩圏に位置しながら、周囲は閑静な住宅街で緑も多く、恵まれた環境にあります。埼玉県狭山市には併設校として大学、大学院、短期大学、幼稚園があります。校内にある「武蔵野進学情報センター」では夜9時まで勉強できる快適空間を提供しており、放課後学習の強い味方となっています。各自の学力に応じたプリントが用意され、静かに自習できる個別ブースが整っています。分からないことはすぐ先生に質問することができ、希望者にはマンツーマンの個別授業にも対応しています。予習・復習から受験対策まで総合的に学習をサポートしており、最新の情報をもとに的確なアドバイスが受けられます。

　一方で、校訓「他者理解」から他者と関わりを持つ行事やイベントを大切にしています。文化祭や体育祭では積極的に関わる生徒が多く、校内は常に活気に満ち溢れています。また、人間関係の構築・気遣いの学習の場としてクラブ活動は全員参加としています。先輩後輩の関係、他校との交流を経験することで、スムーズに人間関係が作れる力を養っています。なかには全国レベルで活躍している部もあり、オリンピック選手も複数輩出しています。

≪説明会日程≫

入試説明会(予約不要)		
10/4(土)	10:00~11:20	「学校生活、学校行事について」
10/18(土)	10:00~11:20	英語パネルディスカッション
11/1(土)	10:00~11:20	「入試に向けて(国語・社会)」
11/22(土)	10:00~11:20	「入試に向けて(算数・理科)」
12/13(土)	10:00~11:20	ニュージーランド3ヶ月留学プログラムについて

入試直前ガイダンス(予約不要)		
1/7(水)	10:00~11:20	「入試に向けて(4教科全般・面接について)」

学校説明会(予約不要)		
8/30(土)	10:00~11:20	「武蔵野の学び、5教科の授業」について
9/20(土)	10:00~11:20	「ICT教育」について

体験授業(要予約)		
9/20(土)	10:00~11:00	英語
10/4(土)	10:00~11:00	英語

入試模擬体験(要予約)		
12/13(土)	10:00~11:40	国語20分　算数20分 社会・理科20分

※各説明会終了後に、ご希望の方を対象に「個別相談」と「施設見学」の時間を用意しております。

明日の自分が、今日より成長するために…

2名のネイティブ専任教員から世界で通用する英語を学び世界レベルでの自己実現を目指す

多摩大学目黒の英語教育の大きな目標の一つは
世界中で必要とされる日本人を育てることです。
英会話を指導する2名のネイティブ専任教員は
それぞれイギリス出身とアメリカ出身。
微妙に異なる表現やアクセントも経験することで
世界中に通用する英語を習得します。
さらに6年間で最大3ヶ国を訪問することにより、
世界規模で物事を考えることのできる広い視野と
世界を相手にしっかり「交渉」できる
コミュニケーション力を磨きます。
これらの経験と能力は10年後、20年後に
社会人として国内でも海外でも常に必要とされる
人物であり続けるための確固たる土台となります。

写真上:フィリップ・チャンドラー教諭(イギリス出身)
写真下:デイヴィッド・ワイウディ教諭(アメリカ出身)

●中学受験生・保護者対象学校説明会 予約不要

10/8(水) 10:00～
11/12(水) 10:00～
12/6(土) 10:00～
1/9(金) 19:00～
1/10(土) 10:00～
※お車でのご来校はご遠慮ください。

●中学体験学習 要予約 (保護者の方は授業参観及び説明会)

英語体験授業:Let' s enjoy English! ／クラブ体験:来たれ我が部!

11/22(土) 10:00～12:00 会場:あざみ野セミナーハウス
※前々日までに電話にてご予約ください。

●颯戻祭(文化祭)※受験生はチケット不要

9/20(土)・21(日) 10:00～15:00
※お車でのご来校はご遠慮ください。

●2015年度生徒募集要項

試験区分	進学 第1回	進学 第2回	特待・特進 第1回	特待・特進 第2回	特待・特進 第3回	特待・特進 第4回
募集人員	74名		特待20名 特進20名			
出願期間	1月20日(月)より各試験前日まで、9:00～15:00					
試験日	2/1(日) 8:30集合	2/2(月) 8:30集合	2/1(日) 14:30集合	2/2(月) 14:30集合	2/3(火) 14:30集合	2/4(水) 8:30集合
試験科目	2科または4科		4科		2科	
発表(ホームページ)	各試験当日14:00～16:00		各試験当日21:00～21:30			当日14:00～16:00
発表(校内掲示)	各試験当日14:00～16:00		各試験当日翌日12:00～14:00			当日14:00～16:00

多摩大学目黒中学校

〒153-0064 東京都目黒区下目黒4-10-24 TEL. 03-3714-2661

http://www.tmh.ac.jp
多摩大学目黒 検索
携帯サイト:http://www.tmh.ac.jp/mobile

JR山手線・東急目黒線・都営地下鉄三田線・東京メトロ南北線「目黒駅」西口より徒歩12分
東急東横線・東京メトロ日比谷線「中目黒駅」よりスクールバス運行

問題は82ページ

ジュクゴンザウルスに挑戦！

熟語パズル

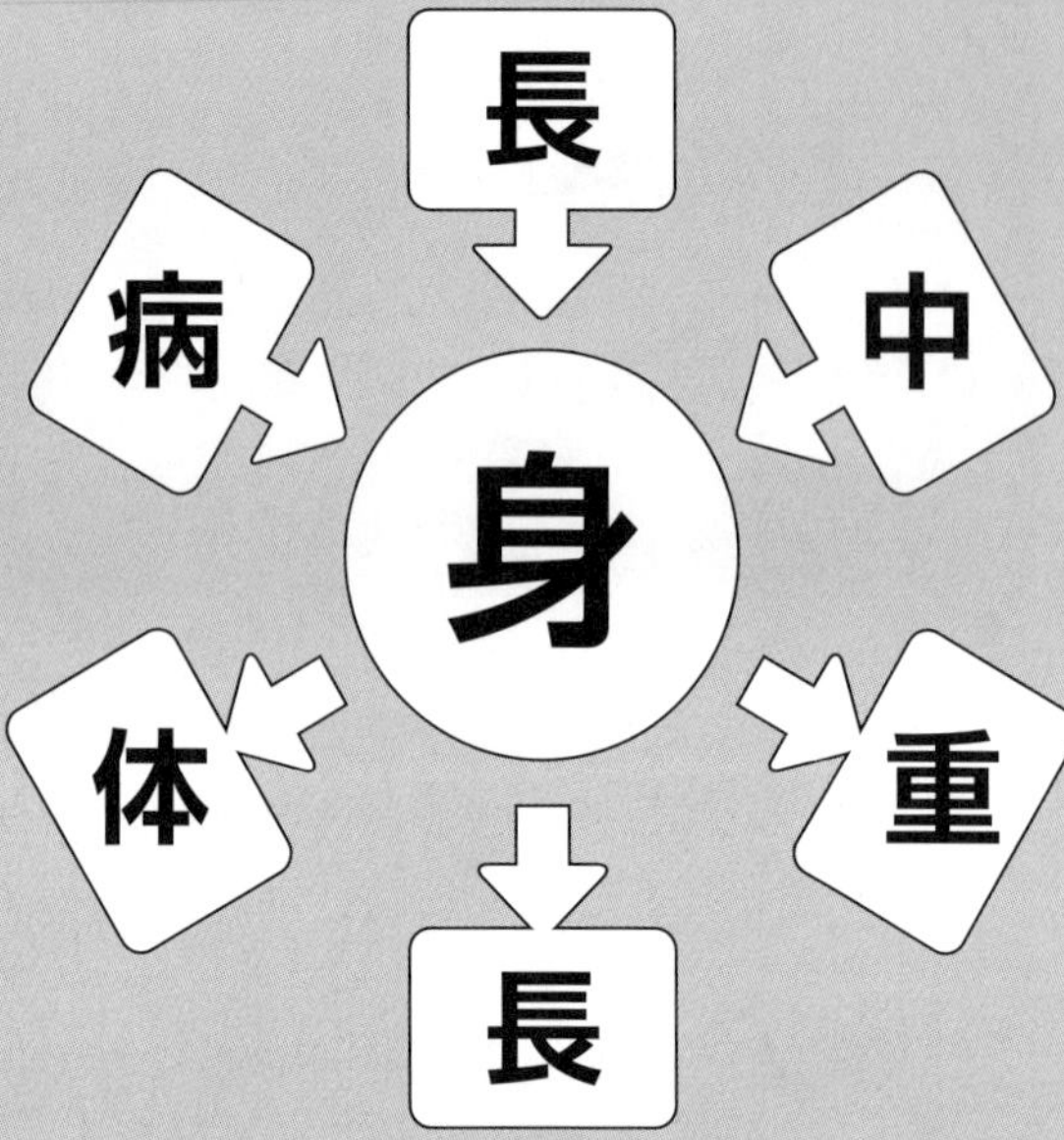

【答え】身

みんなはできたかな。

「長身」と「身長」がヒントになったと思う。このふたつの熟語は漢字が逆になると、違う意味になる。このような熟語は「会社」と「社会」、「出演」と「演出」など、まだまだあるから探してみよう。

また、熟語の漢字を逆にしてもあまり意味が変わらないものもある。「材木」と「木材」、「苦労」と「労苦」などだね。

【答え】身　できあがる６つの熟語は「病身」「長身」「中身」「身体」「身長」「身重」です。

【熟語の意味】病身（びょうしん）＝弱くて病気がちの身体。また、病気にかかっている身体。　**長身**（ちょうしん）＝背が高いこと。また、その身体。　**中身**（なかみ）＝なかに入っているもの。なかに入れてあるもの。（参考）「ちゅうしん」と読む時は、江戸時代の武士の位で、身分・禄高などが中位であることをさす。　**身体**（しんたい）＝人の身体。肉体。（参考）古くは「しんだい」とも読んだ。　**身長**（しんちょう）＝身体の高さ。背丈。　**身重**（みおも）＝妊娠していること。　※「身」を「み」と読む熟語は要チェック。

平成27年度　「一貫特進コース」新設

授業・家庭学習・確認テスト・補習・個別指導のサイクルの中で、
「わかるまで、できるまで」サポートしながら学力向上を図り、
6年後の難関大学合格を目指します。

中学校説明会　予約不要

9月13日(土)　10月18日(土)
11月15日(土)　12月　7日(日)★
1月10日(土)

13:30～　★印のみ11:00～

中学校入試模擬体験　要予約

12月20日(土)　13:30～

蜂桜祭（文化祭）　予約不要

10月4日(土)　10月5日(日)

いずれも9:00～15:00
★入試相談コーナーあり

合唱コンクール　予約不要

11月21日(金)

10:00～12:00
★会場：川口総合文化センター

TEIKYO

帝京中学校

〒173-8555 東京都板橋区稲荷台27番1号　TEL. 03-3963-6383
●JR埼京線『十条駅』下車徒歩12分●都営三田線『板橋本町駅』下車A1出口より徒歩8分

http://www.teikyo.ed.jp

横《よこ》浜《はま》女《じょ》学《がく》院《いん》中学校

●神奈川県横浜市中区山手町203
●JR線「石川町駅」徒歩7分
●TEL：045-641-3284
●http://www.yjg.y-gakuin.ed.jp/

問題

図は，AB=ACの二等辺三角形ABCです。AB＝64cm，BC＝40cmで，同じ印のついている角は，それぞれ大きさが等しいものとします。

このとき，次の各問いに答えなさい。

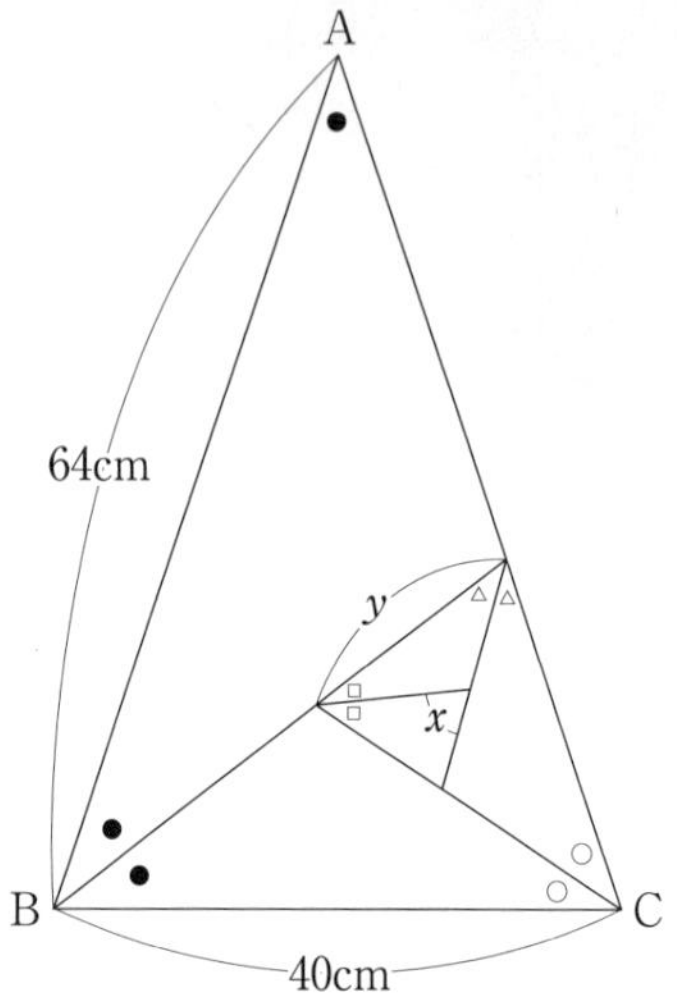

(1) 角Aの大きさは何度ですか。

(2) 角xの大きさは何度ですか

(3) yの長さは何cmですか。

解答 (1) 36度　(2) 72度　(3) $15\frac{5}{8}$cm

学校説明会　要予約（電話・HP）

9月20日（土）10:00～12:00
11月15日（土）10:00～12:00
12月13日（土）10:00～12:00
1月10日（土）　8:30～12:00

城《じょう》西《さい》川《かわ》越《ごえ》中学校

●埼玉県川越市山田東町1042
●JR線・東武線「川越駅」、東武線「坂戸駅」、西武新宿線「本川越駅」、JR線「桶川駅」スクールバス
●TEL：049-224-5665
●http://www.k-josai.ed.jp/

問題

下の図のように，同じ大きさの小さい立方体を8個組み立ててできた立方体①，27個組み立ててできた立方体②を考えます。次の問いに答えなさい。

(1) 立方体①を3つの点A，B，Cを通る平面で切断したとき，切り口の図形の名前をできるだけ正確に答えなさい。

(2) 立方体①を3つの点A，B，Cを通る平面で切断したとき，切断される小さい立方体の数を答えなさい。

(3) 立方体②を3つの点A，B，Cを通る平面で切断したとき，切断される小さい立方体の数を答えなさい。

立方体①

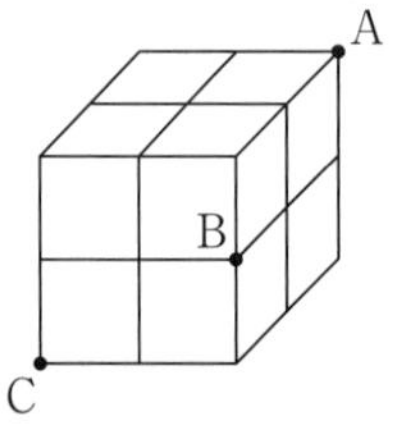

立方体②

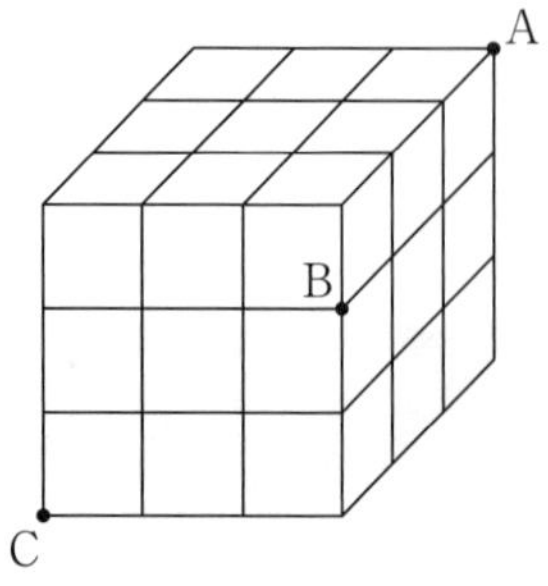

解答 (1) ひし形　(2) 6　(3) 15

学校説明会 ※要筆記用具

9月24日（水）10:30～12:00
10月17日（金）14:30～16:00
11月6日（木）10:30～12:00
12月6日（土）14:30～16:00

けやき祭・入試相談会

9月6日（土）10:30～16:00
9月7日（日）　9:15～16:00

オープンスクール ※要予約

10月11日（土）10:30～15:00
11月15日（土）10:30～15:00

問題解説学習会 ※要予約

11月23日（日）

私立中学の入試問題にチャレンジ

攻《こう》玉《ぎょく》社《しゃ》中学校

●東京都品川区西五反田5-14-2　●東急目黒線「不動前駅」徒歩2分　●TEL：03-3493-0331　●http://www.kogyokusha.ed.jp/

問題

○３人でジャンケンを１回だけするとき、「３人の手の出しかた」は、全部で27通りあります。このうち、「あいこになるような出しかた」は、[(1)]通りあります。

○A君、B君、C君の３人が、同じ距離を走ります。３人の速さの比が12：13：14であるとき、走りきるまでにかかる時間の比は[(2)　　：　　：]になります。

○下の例のような規則《きそく》で白と黒のタイルを並べて、大きな正方形「★」を作ります。

(3) 次の ★ に使われているタイルについて、白・黒どちらが何枚多いか答えなさい。
①１辺が６枚の★　②１辺が９枚の★

(4) 白のタイルが5000枚、黒のタイルが5000枚あります。これを使ってできるだけ大きい★を作ったときに、①１辺の枚数　と　②あまった黒のタイルの枚数　をそれぞれ求めなさい。

★の例

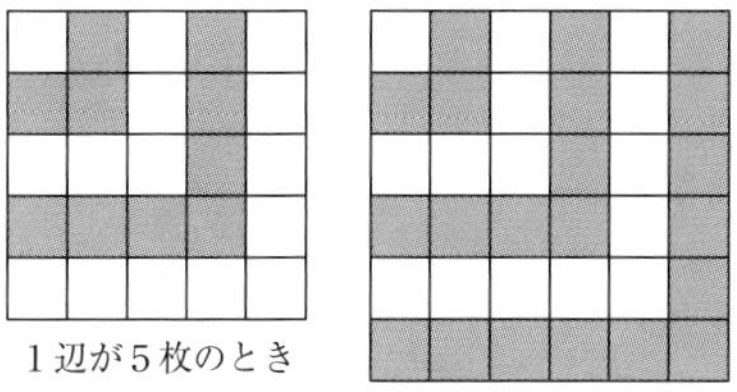

１辺が５枚のとき　　１辺が６枚のとき

解答　(1) 9　(2) 91：84：78　(3) ①黒が6枚　②白が9枚　(4) ①99枚　②149枚

学校説明会
10月18日（土）
入試説明会
10月18日（土）　12月6日（土）　1月17日（土）
国際学級説明会
9月6日（土）
オープンスクール
11月1日（土）
土曜説明会
9月20日（土）　10月25日（土）　11月29日（土）　1月24日（土）
輝玉祭（文化祭）
9月27日（土）　9月28日（日）

共《きょう》立《りつ》女《じょ》子《し》中学校

●東京都千代田区一ツ橋2-2-1　●都営三田線・新宿線・地下鉄半蔵門線「神保町駅」徒歩3分、地下鉄東西線「竹橋駅」徒歩5分　●TEL：03-3237-2744　●http://www.kyoritsu-wu.ac.jp/chukou/

問題

下の図は，水中で生活するプランクトンを表したものです。ただし，倍率は同じではありません。後の各問いに答えなさい。

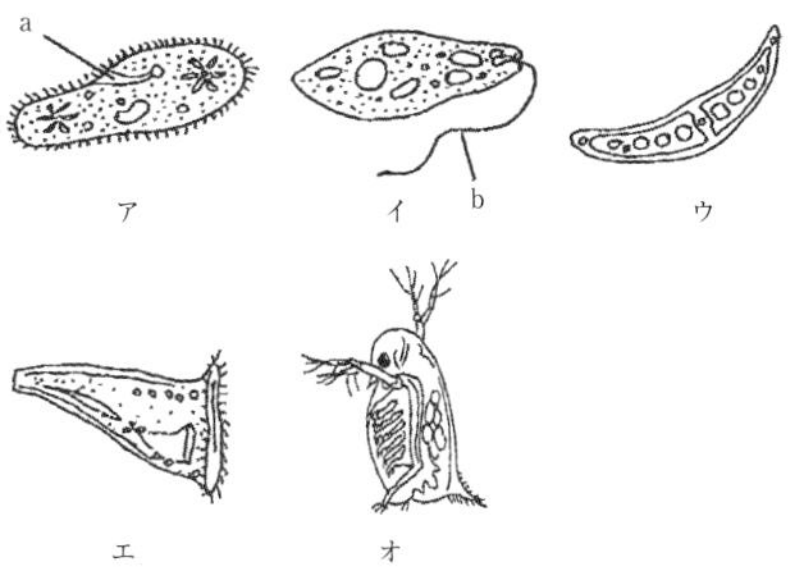

(1) ア，イ，オを実際の大きさの大きい順に並べ，記号で書きなさい。

(2) ア，イの図中の各部分a，bの名前を書きなさい。

(3) ア～オを下の図のように「自分で動くことができるなかま」と「光合成をするなかま」に分けたとき，A・Bのそれぞれにあてはまるものをすべて選び，記号で書きなさい。

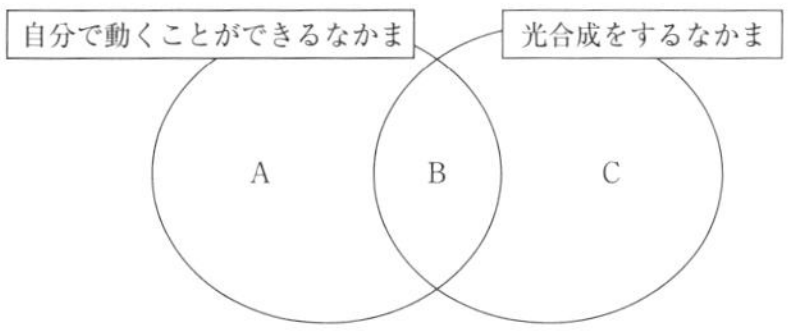

(4) ア～オのそれぞれについて，１つの細胞《さいぼう》でできているものには○を，２つ以上の細胞でできているものには×を書きなさい。

(5) イが進む方向は，下の図のあ・いのどちらですか。

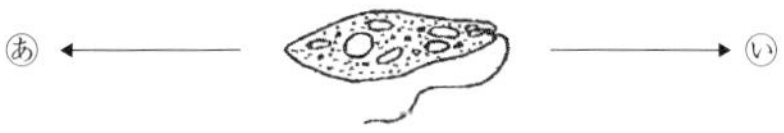

解答　(1) オ→ア→イ　(2) a：口　b：べん毛　(3) A：ア、エ、オ　B：イ　(4) ア○　イ○　ウ○　エ○　オ×　(5) い

学校説明会
9月20日（土）13:00～14:30
10月4日（土）13:00～14:30
入試説明会　※6年生対象
11月8日（土）13:00～14:30
12月6日（土）10:00～11:30
ナイト入試説明会
12月19日（金）18:30～
共立祭（文化祭）
10月18日（土）12:00～16:00
10月19日（日）9:00～16:00

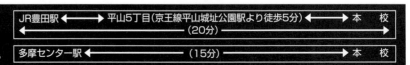

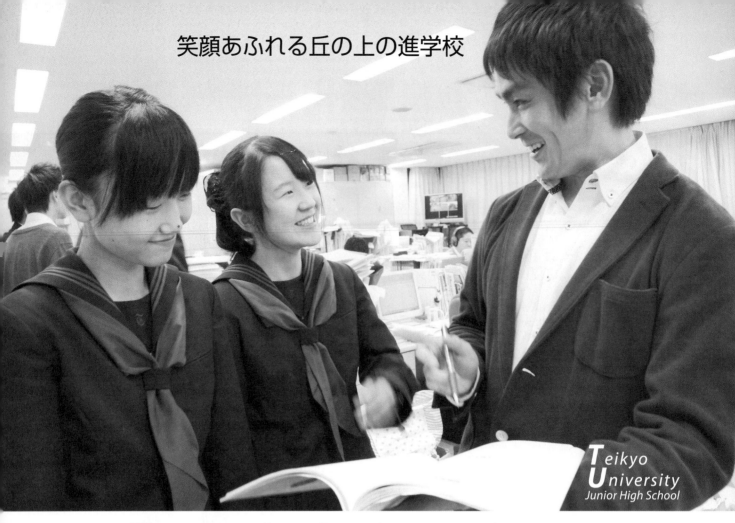

渋谷教育学園幕張中学校・高等学校

〒261-0014 千葉市美浜区若葉1-3　TEL.043-271-1221(代)　http://www.shibumaku.jp/

中学受験 インフォメーション

2015年度中学受験入試変更ニュース

開校、校名変更、共学化

●**東洋大学附属牛久**（茨城県牛久市） 中学校開校、募集人員男女計70名。

●**東洋大学京北**（東京文京区） 京北が移転・校名変更し男子校から共学化。

●**三田国際学園**（東京都世田谷区） 戸板から校名変更し、女子校を共学化。

●**開智日本橋学園**（東京都中央区） 日本橋女学館から校名変更し、女子校を共学化。

入試日程の変更

（サンデーショックの影響など多数あり。ここでは一部掲載）

●**女子学院** １回２月１日午前を２日午前に移動。

●**立教女学院** １回２月１日午前を２日午前に移動。

●**東洋英和女学院** Ａ日程２月１日午前を２日午前、Ｂ日程２月２日午前を３日午前に移動。

●**フェリス女学院** １回２月１日午前を２日午前に移動。

●**横浜共立学園** Ａ方式２月１日午前を２日午前に移動。Ｂ方式３日午前を４日午前に移動。

●**横浜雙葉** １回２月１日午前を、２日午前に移動。

●**慶應義塾中等部** 従来の「１次試験２月３日、１次発表５日、２次試験６日または７日、２次発表９日」から→１次試験２月３日、１次発表４日、２次試験５日、２次発表６日と大幅に短縮。

●**玉川聖学院** ２回２月１日午後を、２日午後に移動。

●**東京家政大附属女子** ３回２月２日午前を、２日午後に移動。

●**文京学院大女子** ５回２月３日午後を、４日午前に移動。

●**函嶺白百合学園** ２回２月２日午前を、３日午前に移動。ＬＢ２月６日午前を、５日午前に移動。

●**千葉明徳** ４回２月５日午前を、６日午前に移動。

（一部の学校の情報です。各校のホームページで入試日程を確認してください）

中学校イベントスケジュール

学校情報を集めよう！

2014年
9月5日(金)～10月19日(日)

●男子校　〇女子校　◎共学校

9/5(金)～7(日)　埼玉私学フェア2014　川越展

川越プリンスホテル 5 F ティーローズルーム
5日(金)・6日(土)　10:00～17:00
7日(日)　10:00～16:00

参加予定校

◎浦和実業学園　〇大妻嵐山　◎大宮開成　◎国際学院　◎埼玉栄　◎埼玉平成　◎狭山ヶ丘高等学校付属　◎自由の森学園　◎秀明　●城西川越　●城北埼玉　◎西武学園文理　◎西武台新座　◎聖望学園　◎東京農業大学第三高等学校附属　◎星野学園
※資料参加校
◎開智　◎東京成徳大学深谷

お問い合わせ

埼玉県私立中学高等学校協会
☎048-863-2110

9/21(日)　2014千葉県私学フェア

幕張メッセ「国際会議場」
10:00～16:00

参加予定校

千葉県内の私立中学・高等学校

お問い合わせ

千葉県私立中学高等学校協会
☎043-241-7382

～ 学校説明会 ～ 要予約

【第２回】 9/28(日)10:40～12:00
・「募集要項解説」
・親子で参加する体験授業（理科）

【第３回】 10/25(土)13:30～15:00
・「若手教員の声、保護者から見るスクールライフ」
・親子で参加する体験授業（英語）

【第４回】 11/2(日)10:40～12:00
・生徒による「まとめて書いて発表する」
・入試練習会（国語・算数）

【第５回】 11/23(祝)10:40～12:00
・親子で聞く過去問解説会（国・算）

【第６回】 12/14(日)10:40～12:00
・親子で聞く過去問解説会（国・算・理・社）

～ 天体観望会 ～ 要予約

9/11(木)18:00～19:30
10/1(水)17:30～19:00
10/17(金)17:30～19:00
11/5(水)17:00～18:30
11/28(金)17:00～18:30

～ オープンスクール ～ 要予約

【第２回】 10/7(火)10:00～12:30
説明会・授業見学・給食試食会

※給食試食会は、食費500円がかかります。
※説明会のみのご参加の場合は、参加申し込み不要です。

千葉明徳中学校

〒260-8685
千葉県千葉市中央区南生実町 1412
043-265-1612（代表）

■京成千原線「学園前」駅下車徒歩1分■JR外房線「鎌取」駅南口より小湊バス「千葉駅行き」にて「北生実」バス停下車徒歩約3分
■JR内房線・京葉線「蘇我」駅東口より小湊バス「明徳学園行き」にて終点下車
http://chibameitoku.ac.jp/junior/

私学・私塾フェア2014「私立中高進学相談会」

10/5（日） 横浜会場　パシフィコ横浜・アネックスホール
10:30～16:00

10/12（日） 小田原会場　川東タウンセンター マロニエ
10:30～16:00

10/13（月・祝） 町田会場　ホテル・ザ・エルシィ町田
10:30～16:00

参加予定校
ホームページ等でご確認ください。

お問い合わせ
かながわ民間教育協会
☎045-364-3319

10/13（月・祝） よこすか私学フェア

セントラルホテル　10:30～15:00

参加予定校
●鎌倉学園　○鎌倉女子大学　○北鎌倉女子学園　○聖和学院
○緑ヶ丘女子　◎山手学院　◎横須賀学院　◎横浜隼人
※資料参加校
◎橘学苑　◎鶴見大学附属　●武相　●横浜

お問い合わせ
各学校

10/18（土） 第15回湘南私学進学相談会

藤沢商工会館 ミナパーク 5・6F
10:00～15:30

参加予定校
◎アレセイア湘南　●鎌倉学園　○鎌倉女子大学　○北鎌倉女子学園　○聖和学院　◎相洋　●藤嶺学園藤沢　◎日本大学藤沢　◎山手学院

お問い合わせ
湘南私学進学相談会事務局
☎0466-86-0829

10/19（日） 2014東京私立中学・高等学校池袋進学相談会

池袋サンシャインシティ　10:00～16:00

参加予定校
ホームページ等でご確認ください。

お問い合わせ
東京都私立中学高等学校協会
☎03-3263-0543

※掲載された内容は変更になることがございます。事前にお問い合わせのうえ、お出かけください。

2014年4月 男女共学

安田学園、始動。

共学1期生：男子124名／女子57名

安田学園では、
授業においては
「わかる」から「できる」へ、
進路においては
「なりたい自分」から「なれる自分」へを
合言葉に日々取り組んでいます。

共学1期生 一貫1年F組（先進コース）

2015年度 中学入試 学校説明会

- 9/13（土） 9:20～ ✿授業見学
- 9/28（日） 9:20～ ✿授業体験（要予約）
- 10/18（土） 14:30～ ✿クラブ体験（要予約）
- 11/23（祝） 9:20～ ✿入試体験（要予約）
- 12/20（土） 9:20～ ✿入試解説
- 1/10（土） 14:30～ ✿入試直前対策

安田祭（文化祭）

11/1（土） 11/2（日）
2日間とも10:00～15:00
✿個別相談を行います

◆掲載している日程以外でも学校見学・個別相談ができます
事前にお電話でお申し込みください
◆各回とも個別相談コーナーを設けております
◆予約申込方法など詳細は本校ホームページをご覧ください

共学

安田学園中学校

ホームページ http://www.yasuda.ed.jp/
Eメール nyushi@yasuda.ed.jp
入試広報室直通 0120-501-528

〒130-8615 東京都墨田区横網2-2-25 TEL.03-3624-2666 FAX.03-3624-2643

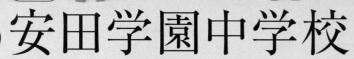

―中学受験のお子様を持つ親のために―

わが子が伸びる親の『技《スキル》』研究会のご案内

平成26年度後期講座予定

主催：森上教育研究所　協力：「合格アプローチ」他
（ホームページアドレス）http://oya-skill.com/

第1回　9/9（火）
算　数
宮本　哲也
（算数・数学・パズル教室主宰）
会場は私学会館です

テーマ お子さんが低学年の間にやるべきこととやるべきでないこと【幼児～小4対象】
内容 私の教室には算数が得意な子がたくさんいますが、彼らは例外なく、算数が大好きです。得意だから好きになったわけではなく、好きだから得意になったのです。彼らは自分で考えることを好み、人から教わることを好みません。算数が好きな子になるための環境作りを考えてみませんか？

申込〆切 9/5（金）

第2回　9/18（木）
コーチ
小泉　浩明
（学習コーチング）

テーマ 覚えておきたい受験国語のテクニック【全学年対象】
内容 国語の問題を読む時や解く時に使える、覚えておきたいテクニックを紹介していきます。テクニックは、王道的なものから苦肉の策的なものまでいくつかありますが、知っている、知らないでは確かに得点が違ってくる可能性があります。使えるテクニックを、ぜひお子さまにお伝え下さい。

申込〆切 9/16（火）

第3回　9/22（月）
算　数
望月　俊昭
（算数指導&執筆）

テーマ 「ミス」とどう向き合うか【全学年対象】
内容 そもそも、とらえ方がまちがっているのでは？5題に1題まちがえる計算の意味するところは、その計算は<正答率が8割の計算>ということです。2割の誤答を「ケアレスミス」とか「つまらないミス」と言っている間は何も改善されません。その程度の計算力・計算技術であると認めて初めて改善が始まります。

申込〆切 9/18（木）

第4回　10/2（木）
国　語
田代　敬貴
（国語指導&執筆）

テーマ 生徒の答案から学ぶ記述答案作成の<スキル>【小４～小６対象】
内容 成績上位の生徒でも、わかりやすく読みやすい、言いかえれば採点者に苦痛を与えない文章を書く生徒はそう多くはいません。では、受験生の書く答案の問題点はどこにあるのか。どうすれば改善されるのか、タイプ別記述問題攻略の<スキル>とあわせてお話します。

申込〆切 9/30（火）

第5回　10/9（木）
コーチ
佐々木信昭
（佐々木ゼミナール主宰）

テーマ 受験の王道＝志望校過去問徹底演習のプロの全ノウハウ伝授【小6対象】
内容 入試問題はこの問題が出来れば合格させるという学校のメッセージです。志望校の過去問を徹底的にやり込んで、合格可能性20～40%(偏差値7不足)からの逆転合格を、あと100日で可能にします。20～30年分の分野別小単元別過去問集の作り方、最も効果的な演習法を一挙公開。算数、理科中心。

申込〆切 10/7（火）

第6回　10/16（木）
理　科
恒成　国雄
（Tサイエンス主宰）

テーマ 各学年がやるべき理科的内容への取り組みについて【小2～小5対象】
内容 「理科は、もはや暗記科目ではありません！」中学理科入試問題の思考力重視化は毎年顕著になってきています。直前の丸暗記では間に合いません。どの時期にどのようなことをやるべきなのか？具体的な理科の入試問題から、それに対応できる力をつけさせるための学年ごとの理想的な過程を説明していきます。

申込〆切 10/14（火）

第7回　10/23（木）
女子学院
金　廣志
（悠遊塾主宰）

テーマ 女子学院入試攻略法【小6対象】
内容 女子学院入試に絞った究極の攻略法。受験生の答案例などを参考にして4科の解法を指導します。女子学院必勝をねらう受験生と父母にとっては必見の講座です。

申込〆切 10/21（火）

◇時間：10：00～12：00
◇会場：第1回はアルカディア市ヶ谷私学会館（JR・地下鉄市ヶ谷駅下車徒歩5分）
　それ以外は森上教育研究所セミナールーム（JR・地下鉄市ヶ谷駅下車徒歩7分）
◇料金：各回3,000円（税込）※決済を完了された場合はご返金できません。
◇申込方法：スキル研究会HP（http://oya-skill.com/）よりお申込下さい。
メール・FAXの場合は、①保護者氏名　②お子様の学年　③郵便番号　④住所　⑤電話／FAX番号／メールアドレス　⑥参加希望回　⑦WEB会員に登録済みか否か　を明記の上お申込下さい。折り返し予約確認書をメールかFAXでお送りいたします。
申込〆切日16時までにお申込下さい。また、電話での申込はご遠慮下さい。尚、本研究会は塾の関係者の方のご参加をお断りしております。

お電話での申込みはご遠慮下さい

お問い合わせ　：森上教育研究所　メール：ent@morigami.co.jp　FAX:03-3264-1275

みんなのおいしいのために。
レシピ大百科®

おいしく食べて、ママも子どももみんなHAPPYになぁれ♪

忙しいママ必見！

クラスのアイドル弁当

卵にウインナーを入れてふんわ〜り焼いた、ウインナーオムレツ弁当。
シャキッと食感が楽しめるピーマンじゃこ炒め、さっぱり味のミニトマトとレタスのサラダを合わせて、やさしい味わいのお弁当。
お好みでご飯をケチャップライスにすると、オムライス風お弁当に♪

ウインナーオムレツ弁当

（材料は2人分）

ウインナーオムレツ

卵…2個
ウインナー…3本
「味の素KKコンソメ」
　顆粒タイプ…小さじ1/2
水…大さじ1
サラダ油…小さじ1

ミニトマトとレタスのサラダ

ミニトマト…4個
レタス…1枚
「味の素KKコンソメ」
　顆粒タイプ…小さじ1/4
Ⓐ オリーブオイル…小さじ1
　酢…少々
　塩…少々
　こしょう…少々

ピーマンじゃこ炒め

ピーマン…2個
ちりめんじゃこ…大さじ2
「ほんだし」…小さじ1/2
サラダ油…小さじ1

「ほんだし®」　「味の素KKコンソメ」〈顆粒タイプ〉

作り方（調理時間約15分）

①下ごしらえ

ウインナーは小口切り
卵は割りほぐす
（ウインナーオムレツ）

ピーマンは細切りにする
（ピーマンじゃこ炒め）

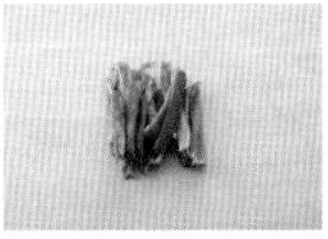

ミニトマトは半分に切る
レタスはちぎる
（ミニトマトとレタスのサラダ）

②焼く

卵に「コンソメ」、水、ウインナーを合わせる
（ウインナーオムレツ）

油を熱し、合わせた卵を入れ、焼く

ポイント
調味料は「コンソメ」だけ！
コクがあるから、味がしっかりまとまる！

卵のとなりに油を入れ、ピーマン、ちりめんじゃこを炒める（ピーマンじゃこ炒め）

③味付け（ピーマンじゃこ炒め）

「ほんだし」をふる

ポイント
味つけは「ほんだし」だけで風味よく！

④混ぜる（ミニトマトとレタスのサラダ）

「コンソメ」とⒶを混ぜ、ドレッシングを作る。

トマト、レタスと混ぜ合わせる。

ポイント
ドレッシングに「コンソメ」を加えると、コクがプラスされ、野菜がおいしく食べられる！

盛り付けポイント

ご飯を弁当箱の半分ほど詰める。となりに炒めもの、サラダを詰める。ご飯の上にオムレツをのせ、お好みで粗びき黒こしょうをふる。ご飯をケチャップライスにするとオムライス風お弁当に！

ケチャップライスの作り方
茶碗1杯分の温かいご飯に、トマトケチャップ大さじ1/2、バター大さじ1/2、「コンソメ」〈顆粒〉小さじ1/4を混ぜ合わせる。

画像提供：味の素株式会社

日本をつなげる高速道路

首都圏から交通渋滞がなくなる。
これは現在建設中の首都圏3環状道路が開通した時、実現するかもしれません。
今回は日本の高速道路に関して、建設中の「外環（東京外かく環状道路）」の「千葉県区間」の特徴についても、東日本高速道路株式会社（NEXCO東日本）の酒元 誠和さんにお聞きしました。

東日本高速道路株式会社
（NEXCO東日本）
酒元 誠和 さん

日本の主な高速道路

東北自動車道

全線開通年：1987 年
総距離：川口JCT～青森ICまで679.5km
埼玉県の川口市から群馬県、栃木県、福島県、宮城県、岩手県、秋田県を経由し、青森県青森市を結ぶ日本最長の高速道路。

名神高速道路

全線開通年：1965 年
総距離：小牧IC～西宮ICまで 193.9km
日本で最初に開通した高速道路。開通当時の距離は、滋賀県の栗東ICから、兵庫県の尼崎IC間の 71.1km でした。建設工事は 1958 年に始まり、約3万人が建設に関わったと言われている。

関越自動車道

全線開通年：1985 年
総距離：練馬IC～長岡JCTまで 246.3km
東京都練馬区から新潟県長岡市まで、首都圏と日本海側を結ぶ高速道路。群馬県と新潟県の県境にある「関越トンネル」は、11,055m（上り線）で道路トンネルとしては日本最長（2014 年 6 月時点）。

東名高速道路

全線開通年：1969 年
総距離：東京IC～小牧ICまで 346.8km
東京都世田谷区から神奈川県、静岡県を経由し、愛知県小牧市で名神高速道路と接続することで大阪方面へとつながる高速道路。交通量も多く、日本の大動脈となっている。

中央自動車道

全線開通年：1982 年
総距離：高井戸IC～小牧JCTまで 366.8km（富士吉田線含む）
旧街道の甲州街道と中山道に沿う形で建設された高速道路。東海道沿いを通る東名高速道路に対して、中央自動車道は山梨県、長野県などの山地部を通る。

中国自動車道

全線開通年：1983 年
総距離：吹田JCT～下関ICまで 540.1km
大阪府吹田市から兵庫県、岡山県、広島県、島根県を経由して、山口県下関市を結ぶ高速道路。全国2位の長さの高速道路で、中国山地に沿って通っている。

首都圏を変える道路、開通へ

現在、都心を通らずに東名、中央、関越、東北道などの首都圏の各高速道路を結ぶ「3環状道路」の整備が進められています。「3環状道路」が整備されれば、都心を通ることなく、各高速道路にアクセスできるようになるため、都心の渋滞解消が期待されています。

今回紹介するのは、平成 29 年度開通予定の「外環」の千葉県区間です。

※3環状道路とは…「圏央道」、「外環」、「中央環状」の3つの環状道路の総称

千葉県区間の外環はこんな風になります

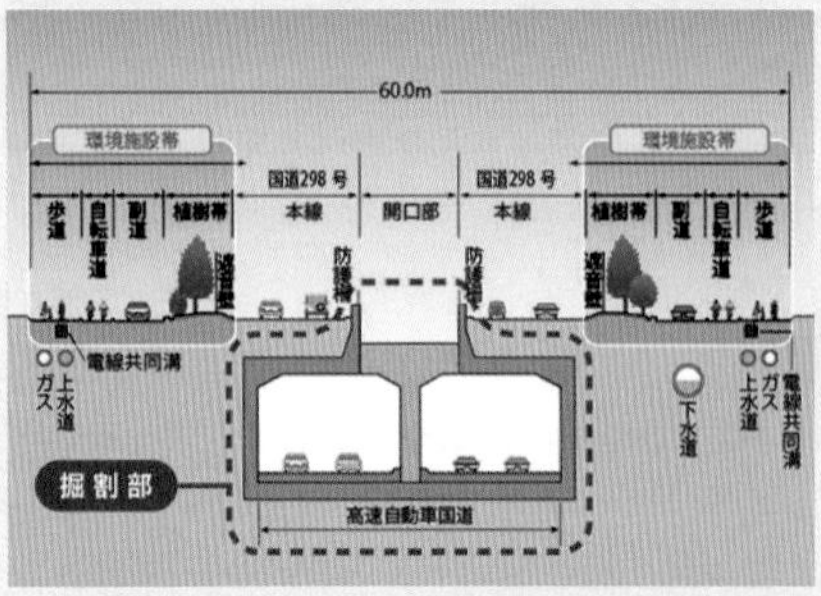

高速道路が半地下の「掘割部《ほりわり》」となります。

「掘割部」は、地下に高速道路、地上に国道、その両側に「環境施設帯」が作られます。「環境施設帯」とは、植樹帯や周辺に住む人の生活道路となるスペースのことです。地域の安全や環境に配慮した高速道路となります。

【現在建設中の首都圏の３環状道路】

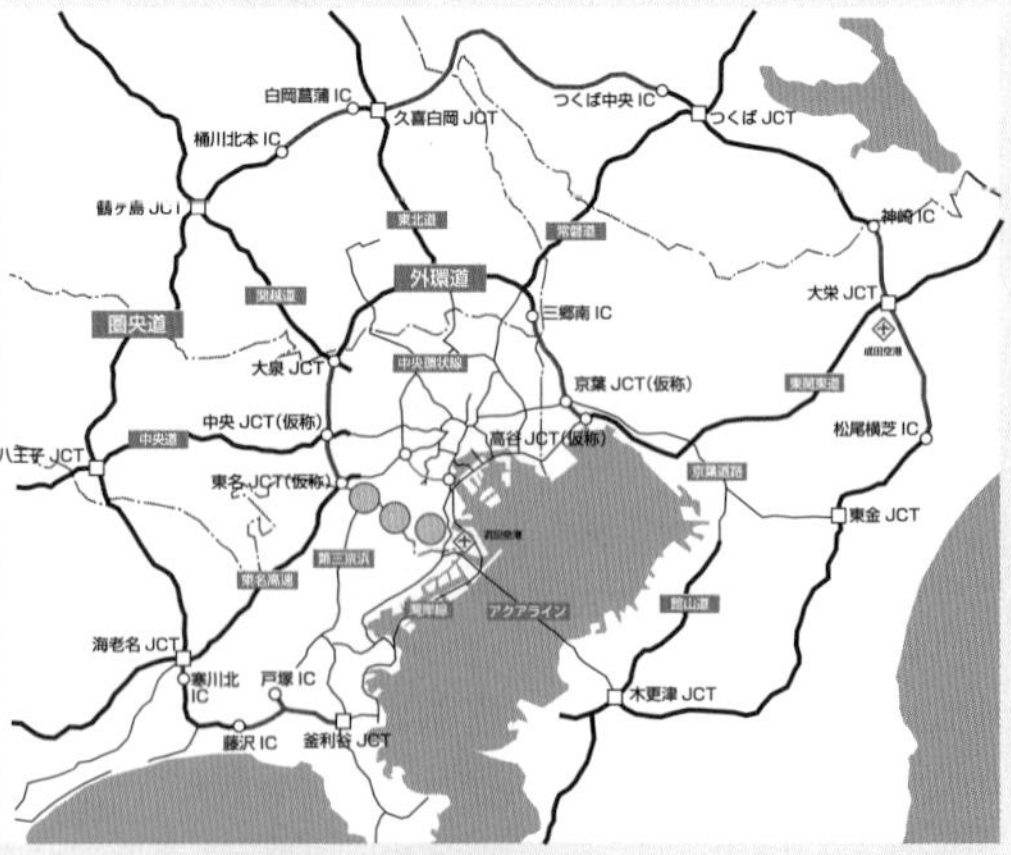

今回紹介するのは「外環」の千葉県区間
この区間が開通すると、こんな効果が期待できる！

●東京湾側と常磐道・東北道・関越道方面のアクセスがスムーズに
●生活道路の安全性向上など、他にもさまざまな効果が期待されています。

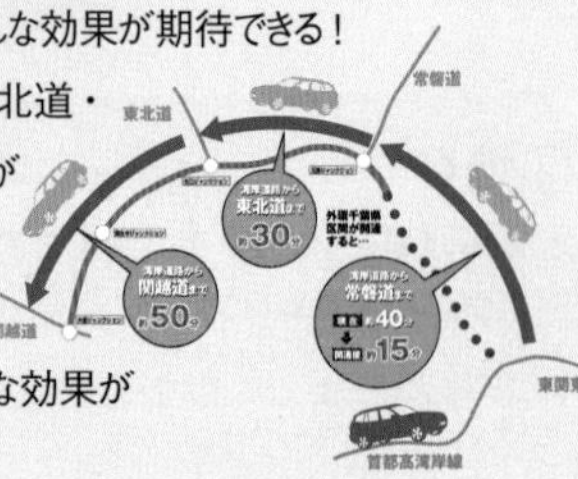

日本の高速道路の歴史や、
意外と知らない高速道路の秘密について、
酒元さんに教えてもらいました！

東関道　佐原PA付近

高速道路は直線よりもカ ブが多い！

日本の高速道路は日本の地形に合わせて建設しています。日本は山や川が多く、自然の地形に合わせるとカーブが多くなります。ちなみに東名高速道路は総距離 346.8km のうち、約 16km しか直線がありません。

東京湾アクアラインのランドマーク「風の塔」

「高速道路」と「一般有料道路」の違い

「高速道路」は高速ネットワークで全国をつなぐ道路で、「一般有料道路」は各地域の高速道路を補い高速ネットワークをつくる道路と、地域に密着した道路、観光道路などのことです。NEXCO東日本が管理する首都圏の「一般有料道路」としては、圏央道、東京湾アクアライン、京葉道路などが代表的です。

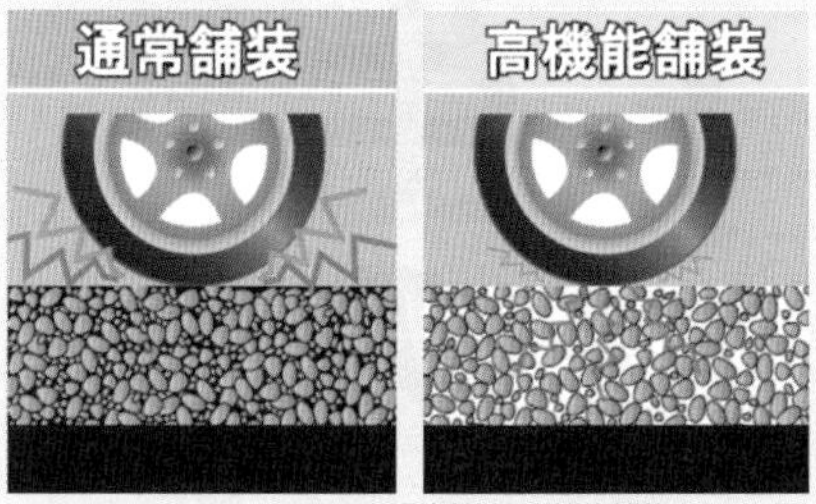
通常舗装
高機能舗装

通常舗装と高機能舗装のイメージ図

「高速道路」には水たまりができない！

高速道路の舗装は「高機能舗装」を採用しています。通常舗装よりもすき間が多く、そのすき間に水が入るため、雨がしみこむ構造となり、水たまりができません。さらにすき間が音も吸収するため、騒音を減らす効果もあります。

高速道路の照明の秘密

インターチェンジ、サービスエリアなどは、合流してくる車があるので、安全確保のために照明を設置しています。都市部などの周囲が明るいところは、暗いと運転しずらいため、照明が必要となります。また、トンネルの照明は入口と内部で明るさが異なります。入口の部分では明るく、少しずつ暗くしていき、暗さに慣れるように工夫されています。

トンネルの照明もエコの時代へ

今と昔では、高速道路のトンネルの照明も変わっています。今後、LEDを導入するなど、省エネにも貢献しています。

高圧ナトリウムランプ（従来）

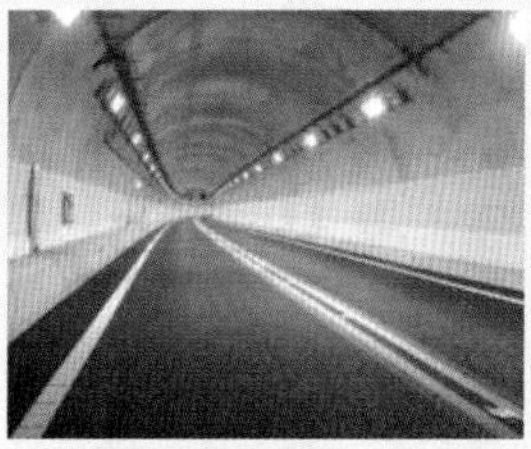

Hf（高周波型）蛍光ランプ（現在）

LED（道央道　鷲ノ木遺跡トンネル）

渋滞、しない！ させない！

どうして渋滞は起こるのか、渋滞を避けるには

渋滞の原因としては、①交通の集中、②事故や工事による車線数の減少、などが挙げられます。そして、①交通の集中が原因で起こる渋滞のうち、「サグ部での渋滞」が、約 62%を占めています。「サグ部」とは、下り坂から上り坂に変わるV型の形状となっている箇所のことを言います。

[「サグ部」で発生する渋滞のメカニズムのイメージ]

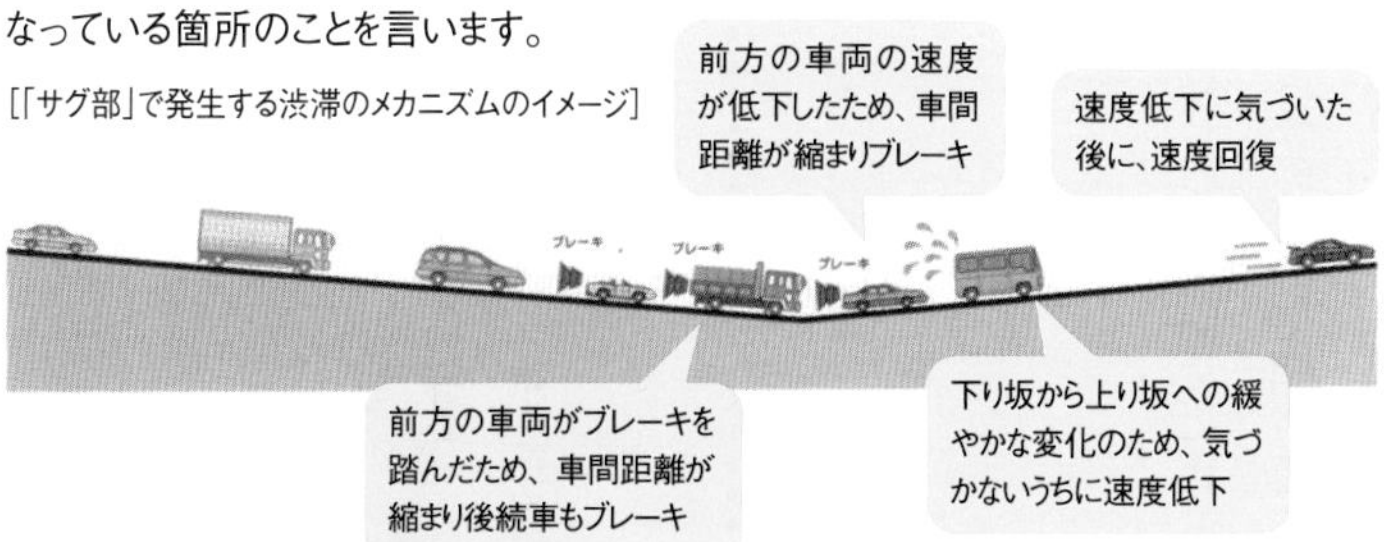
前方の車両の速度が低下したため、車間距離が縮まりブレーキ
速度低下に気づいた後に、速度回復
ブレーキ
ブレーキ
ブレーキ
前方の車両がブレーキを踏んだため、車間距離が縮まり後続車もブレーキ
下り坂から上り坂への緩やかな変化のため、気づかないうちに速度低下

酒元さんが教える
渋滞を緩和する
3か条

【渋滞を緩和するための3か条】

①渋滞予測情報を活用し、
出発時間をずらすこと
②上り坂での速度低下に注意すること
③車間距離を十分にとって走行すること

高速道路で働くプロフェッショナルの紹介

高速道路はさまざまな「プロフェッショナル」に支えられています。ここでNEXCO東日本で働くプロフェッショナルを紹介します。

ハイウェイパトロール

定期的にパトロールを実施。高速道路の落とし物を取り除き、事故や故障車の手助けなどを、24 時間、365 日おこなっています。

ハイウェイドクター

高速道路の定期的な点検をおこなう「高速道路のお医者さん」です。高速道路に異常がないかどうか、目で見て手でさわって点検し、ハンマーで叩いて音でも判断しています。

高速道路で働くプロフェッショナルを見てみよう！
NEXCO東日本　高速道路キッズ
http://kids.e-nexco.co.jp/

誰もが抱える悩みをパパッと解決!

福田貴一先生の福が来るアドバイス

お子様の未来を決める「学校選び」

早稲田アカデミー
本社運営部長
福田　貴一

中学受験をするにあたって、保護者の皆様の一番大きな役割は〝学校選び〟です。学校を選ぶにあたっては、幅広い視野・視点が必要になります。もちろん、実際に進学するお子様のご意見を考慮するのは大切ですが、まずは保護者の皆様がさまざまな情報を集めることからスタートしていただきたいと思います。

中学校を選ぶ基準は…

中学校選びにはいくつかの要素があります。たとえば、教育理念や校風、附属校か進学校か、男子校・女子校か共学校か、通学距離や時間、細かいところではクラブ活動や制服の有無なども挙げられるでしょう。その中での優先順位は、ご家庭のお考えやお子様のタイプによって変わってくると思います。もちろん、いくつかの要素を複合的に考えていかなければならない場合も多くあるはずです。

さまざまな要素の中で、多くの保護者の方が気にされる進学実績。確かに中学校を選ぶということはお子様の未来を選ぶということですから、中学・高校の先にある大学についても考えておく必要はあるでしょう。しかし、進学実績だけを重視するのは、あまりお勧めできません。というのも、大学進学実績だけで中学校を選んでしまうと、せっかくの六年間が味気ないものになってしまう場合があるからです。ここはぜひ、お子様が思春期を経て大人になる、人生の中で最も大切な六年間を過ごす環境を選ぶという視点でお考えください。

また、大学進学実績は現時点のものでしかありません。お子様が中学校に入学してから大学に進学するまでの六年間に、大きく変わる可能性もあるはずです。現に六年前と比較をすると、難関大学への進学率が倍以上になっている中学校も存在しています。さらに、東京大学への合格者数を伸ばした中学校は、翌年の入試において人気が上昇する傾向にあるのも事実です。しかし、進学実績を考慮に入れる場合でも、単年度の実績だけではなく、ここからの六年間でどのように変わるのかということもお考えいただきたいと思います。確かに、教育そのものに関してもさまざまな議論・検討が行われ、大学入試制度の見直しも進められている今、将来を予測するのはなかなか難しいことだと思います。そのような状況下において、各中学校の将来へ向けた取り組みなどは、今後の進学実績の変化を見通すうえでのヒントとなるはずです。

〝今の成績で入れる学校〟

個別面談などで保護者の皆様に「今お考えの学校は」と伺うと、「今の成績で入れる学校はどの辺ですか」と逆に聞かれてしまうことがあります。受験パターンを決めていく小6の秋以降であれば、現状の成績や出題傾向なども考慮に入れて〝合格可能性の高い学校〟を選んでいくことも必要です。しかし、それまでは〝通わせたい学校・通いたい学校〟という視点でお考えいただく方がよいと思います。

小学生のお子様は成長途上にあります。しかし、時間に比例して右肩上がりに成長していくわけではありません。身体的にも精神的にもあまり変化が見られない時期もあれば、短期間にグッと成長する時期もあるのです。実際に、六年生の一学期までは偏差値50台だったお子様が、夏休みを経て、一気に70台まで伸びたというケースもあります。今の成績で学校を選び、そこに縛られてしまうと、お子様のこれからの伸びを制限してしまうことにもなりかねません。お子様の無限の可能性を信じて、現状の成績にとらわれず、〝通わせたい学校〟をまずはお考えください。

偏差値ランク表にとらわれない

学校選びをする中でどうしても気になるのが「偏差値ランク表」です。受験日程別のものもあれば、全日程がひとつにまとまったものもあります。そのようなランク表を目にすると、上の方に記載されている学校の方が総じて〝良い学校〟という印象を持ってしまいがちです。しかし、あの表は学校の優劣が記されているものではありません。あくまでも過去の合格者や模試の受験者データなどをもとに、その学校に合格する可能性が高い偏差値をはじき出し、その順番に並べているだけのものです。もちろん、上位に位置する学校が〝人気校〟であるのは間違いありませんが、その学校がお子様に合うかどうかはまた別の問題なのです。

学校選びを始めるのはいつから？

お子様の未来を決める選択をするわけですから、じっくりと時間をかけて選んでください。人生の中で一番高い買い物は〝住居（家）〟だという統計を以前見たことがあるのですが、私は〝学校〟だと思います。費用だけではなく、お子様の六年間という大切な時間を考えれば…。首都圏にはたくさんの中学校があります。最近は交通網の整備により、時間的にも通える学校が増えてきています。多くの選択肢の中から、お子様にとって最適な学校を見つけていただくためには、早めに学校選びをスタートさせる必要があります。

多くの中学校では、入試要項が決まった秋（9月〜11月）に学校説明会を実施します。また最近は、オープンキャンパスなども各学校で積極的に行われています。もちろん、一番多く参加されているのは、受験生（小6）の保護者です。しかし、受験生の場合は、その学校を受験する意思を持った方が参加されている場合がほとんどです。なぜなら、参加の目的が、翌年の入試がどのように行われるのか、前年との変更点はあるのか、出題傾向は変わるのか、といった話を聞きに行くためだからです。

そう考えると、純粋に「学校を選ぶ」目的で説明会に参加するのは、非受験学年の間ということになります。最近はインターネットなどで学校情報が比較的簡単に手に入るようになりましたが、実際に学校に足を運び、雰囲気を肌で感じてみないと分からないこともたくさんあるはずです。

順天中学校の魅力
what's great about Junten

カフェテリア
Cafeteria

Students here love this cafeteria and the way bright light pours into it. First-year junior high school students eat school lunch. From the second year, students bring their lunch.

明るい光が差し込む食堂は生徒達のお気に入りの場所です。1年生は給食ですが、2年生からはお弁当を持参するように指導しています。

Gotta wash your hands before you eat!
食事の前は手を洗おう！

図書館
The Library

Our bright, high-ceilinged library houses nearly 34,000 volumes. Junten bookworms are here every day.

吹き抜けになっていて明るい図書館には、約34,000冊の本が置いてあります。本が好きな生徒は毎日のように利用しています。

I'm going to start showing you what's great about Junten at our Oji campus.
順天中学校の魅力を王子キャンパスから紹介するよ。

英語でミルミルわかる私学

Hello, I'm Nicholas Repsher. I'm going to show you around the school where I teach English, Junten Junior and Senior High School.

こんにちは、ニコラス・レプシャーです。今回は、私が英語の授業を行っている順天中学校・高等学校を紹介します。

ニコラス・レプシャー
NICHOLAS REPSHER先生
アメリカ出身
1981年4月30日生まれ
日本に来て8年

順天中学校・高等学校
Junten Junior and Senior High School

新田キャンパス
Shinden campus

Our Shinden campus has spacious grounds that we use both for gym classes and our after-school sports clubs. We have buses that bring students here from our Oji campus.

新田キャンパスには広いグラウンドがあり、体育の授業や部活時はこちらの施設を使用しています。生徒たちはスクールバスで移動します。

宿泊施設
Accommodations

We use this space for our school stays. Students stay overnight with other students in their year group. They live together, learn how to be self-sufficient when they study, and develop good lifestyle habits.

スクールステイで利用する宿泊施設です。ここで同級生と共同生活をすることで自主的に学習し、規則正しい生活を送る習慣を身につけます。

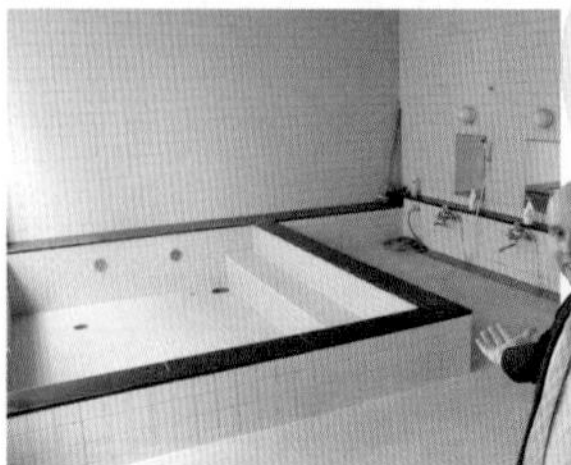

They do their own washing and ironing, too.
洗濯やアイロンがけも自分たちでやるよ。

学習室
Study Room

This room is for self-study, and junior high school students can use it until 6pm. This room is always full of lots of students after school and before exams.

ここは個別の学習室で、中学生は18時まで使用することができます。放課後やテスト前になるとたくさんの生徒でにぎわっています。

ELC
The English Learning Center

We use this room for English conversation classes. There are a lot of English-language books and movies that we use for teaching. Students are also free to use this room after school for anything they want or need.

英会話の授業で使用するこの教室には、外国の資料や英語の視聴覚教材が置いてあります。放課後は必要に応じて自由に使うことができます。

There are always some English teachers here, too!
スタッフも常駐しているよ！

サイエンスルーム
Science Room

This room was just finished last year and it has the latest equipment. We have space for both experiments and presentations, so we can use this room in lots of different ways.

去年できたばかりのサイエンスルームには最新の設備が備わっています。実験スペースとは別にプレゼンテーションスペースが設けられ、複合的な学びの場として使用しています。

順天中学校独自の英語教育
言葉や文化の違いを越え、世界的視野で生きる力を育む

英語教育

本校では全生徒が中3までに英検準2級に合格することを目標にしています。英検は大学入試で考慮されることもありますが、英語学習に対する生徒の自信や、やる気につながります。また、中等部では毎朝10分間、ネイティブスタッフによる英語暗唱やビデオの視聴をする「朝学習」があり、中2になると、英会話の授業（毎週1時間）が始まります。
このように英語に親しむ時間を多く持つことで、総合的な英語力を伸ばしていきます。

僕がしっかりサポートするよ！

国際交流

アメリカやニュージーランドなど、多くの学校と交流がある本校では、毎年、海外からの留学生を積極的に受け入れています。言葉や文化の違いを越えて交流することで、生徒たちの国際感覚が磨かれていくことを期待しています。
また、福島のブリティッシュヒルズで英国式の自然体験（中2）をしたり、沖縄修学旅行で米国家庭への訪問をしたり（中3）と様々な国際交流の場を設けています。

海外体験

中3の3学期を利用して希望者には約11週間のニュージーランド短期留学研修を実施しています。高2では、5つのコースから選べる海外修学旅行を実施しています。海外で現地の人たちと交流しながら異文化を体験することは生徒たちのいい刺激になります。高2になると1年間の留学を奨励しており、平成15年度は7名の生徒が留学をしています。

ニコラス先生に聞いた日本Q&A

Q 苦手な食べ物は？
A もつ鍋

ホルモンが苦手なんだ。後は、何回チャレンジしても塩辛が食べられないよ。それ以外の日本食は全部好きだよ。

Q 日本に来て驚いたことは？
A 自動販売機の多さ

なんでこんなに自動販売機があるんだろうと思ったよ。それなのに、ゴミ箱はそんなにたくさん置いていないよね。

Q 好きな言葉は？
A 相棒

由来がおもしろくて気に入っているよ。江戸時代に籠を一緒にかつぐ相手のことを言うんだよね。

SCHOOL DATA

順天中学校・高等学校　王子キャンパス　〒114-0022　東京都北区王子本町1-17-13　TEL.03-3908-2966
JR京浜東北線「王子駅」北口／東京メトロ南北線「王子駅」3番出口より徒歩3分、都電荒川線「王子駅前駅」より徒歩3分

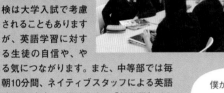

生 掲示板

帰国生を積極的に受け入れている学校紹介など、帰国後の入試や学習に関する情報を発信します！

帰国生受入れ校訪問記　江戸川女子中学校

中学校の開校以来、「英語教育」に重点を置いてきた江戸川女子中学校をご紹介します。1995年度より帰国生入試を導入したことにともない、入学段階で一定の基準を超える英語力を持つ生徒に対して、少人数制の英語の特別授業を行っています。英語教育の実践の場として、海外研修の機会も数多く設けています。今回は、入試対策委員長の加藤先生に帰国生入試と帰国生への指導についてお話をお聞きしました。

江戸川女子中学校

（東京都/私立/女子校）

新しい時代にふさわしい「教養ある堅実な女性」の育成を目指し、面倒見の良い教育を実践しています。中学校では基礎・基本を徹底し、伝統芸能や弦楽器の授業を通して情操教育を行っています。今秋には講堂・体育館が完成します。

〒133-8552 東京都江戸川区東小岩5-22-1
（JR小岩駅 徒歩10分）
TEL:03-3659-1241
URL:http://www.edojo.jp

帰国生入試を開始したきっかけ

壹岐　帰国生入試を始めたきっかけを教えてください。

加藤先生　海外に滞在し帰国してから受験勉強を始めた生徒にとっては、私立中学校の入試問題は難しいと聞いていました。海外に滞在したことが不利に働くのは生徒の受験の機会を奪うものだと考え、一般入試とは別枠で帰国生入試を開始しました。また、日本とは異なる文化圏で生活し、広い視野を持った帰国生がクラスに入ることは、学内の活性化に繋がるという期待もあります。

壹岐　帰国生に受験機会を与えることと、学校の活性化を図るということの二つの意味があるのですね。

加藤先生　そうです。さらに、本校では、英語ができる生徒には優遇措置を実施しています。英検2級以上もしくはTOEIC450点以上を持っている生徒、または帰国生入試で英語（選択制）を受験した結果、そのレベルに到達していると判断される生徒は、本来の合格点が2科160点のところ、140点で合格となるようにしています。それだけの英語力があれば、国語・算数の合格基準を低くすることにも合理性があると考えています。

帰国生入試の対策

壹岐　海外にいる生徒はどのように帰国生入試の対策をすればよいでしょうか。

加藤先生　まず、試験科目は国語と算数ですが、これらは小学校の履修範囲の基礎学力を測る問題です。速く正確に多くの問題を解ける処理能力を要求するこの試験で合格点に達する生徒ならば、仮に一般入試の勉強をしてこなかったとしても授業についていけると考えています。

対策については、日本の小学校の学習レベルだということを念頭に置き、小学校の学習内容を確実に定着させてください。帰国生入試では過去問を公表していないので、多少の応用として、書店でよく見られる問題集やドリルのような問題を数多く解き、より速く正確に解ける処理能力を養ってください。

早藤　国語においては長文や記述問題も出題されますか。

加藤先生　もちろん出題します。一般入試ほどの長文ではありませんが、「次の文章を読んで後の問いに答えなさい」という形式の読解問題も含め、小学校の学習内容の全範囲から出題します。

早藤　入試科目の英語（選択制）はどのような試験ですか。

加藤先生　リーディングもリスニングも総合的に見る筆記試験です。難易度は英検2級レベルで、長い英作文を書かせる問題は出しません。また面接は実施しません。英語を受験したが得点が低かったというような場合でも、算数と国語で本来の合格点である160点を取っていれば合格します。英語の試験は有利に働くことはあっても不利にはなりません。ただし、この試験は難易度が高く、合格率は50%未満です。

英語教育と入学後の学校生活

壹岐　英語には特に力を入れているようですね。

加藤先生　これからのグローバル時代、英語力は一番に身に付けておく必要性があると考え、1987年の中学校開校以来、英語の強化を優先事項にしてきました。

具体的な取り組みとして、高い英語力を持っている生徒を対象に中学の3年間、英語の「取り出し授業」を行っています。この授業は英検準1級レベルの内容を英語で行うもので、教科書もレベルが高いものを使用します。例えば、英会話について、一般クラスでは外国人と日本人の先生で教えるのですが、「取り出し授業」は外国人の先生だけが教えます。なお、帰国生に限らず一般生からも対象者を選抜していて、授業に参加するための英語の試験を実施し、その合格者を対象としています。

早藤　「取り出し授業」の英語の授業で使っている教材は海外から取り寄せているのですか。

加藤先生　洋書ばかりです。英文法だけは一般クラスと同じ、日本の問題集を使っています。大学入試では、早い時期に帰国した生徒は帰国枠で受験できません。その時に勝負できるように、文法を強化するようにしています。そのため、文法の授業では1つ上の学年レベルに相当する教材を利用しています。

このような英語教育の成果で、次第に生徒は英語ができるようになってきたので、順次、他教科にも力を入れています。例えば、古典の授業では、本校の教員が作ったオリジナルテキストを使用して徹底指導します。

大学進学実績を、入学時の偏差値が同じくらいの学校と比較すれば、本校の生徒たちがいかに頑張っているかお分かりいただけると思います。さらに、ほとんどの生徒は予備校にも通わず現役で合格しています。

このように説明すると、江戸女は勉強ばかりやらせるのかと思われてしまうのですが、決してそうではありません。音楽の授業では、中学校3年間を通じ、専門家の指導の下でバイオリン・ビオラ・チェロ・コントラバスの弦楽器を習う機会を用意しています。また、高校2年次には海外研修を実施しているのですが、今年から英語科では、ニュージーランド、イギリス、アメリカ、フィリピンのセブ島の中から語学研修先を選べるようになりました。決して勉強だけの学校ではないので、生徒たちの活躍ぶりを色々な面で見ていただきたいと思います。

お話　江戸川女子中学校　入試対策委員長　加藤　紀夫先生
取材　早稲田アカデミー教育事業推進部国際課　壹岐　卓司
早藤　奈保子

帰国生入試情報と合格実績

2015年度　帰国生入試情報

募集人数	出願期間	試験日	合格発表日	選考方法
特に定めず	2014年12月2日(火)～2014年12月4日(木)	12月7日(日)	12月7日(日)	基礎学力(国語・算数)、英語(選択制)

帰国生入試結果

年度	募集人数	応募者	受験者数	合格者数
2014	特に定めず	36	36	24
2013	特に定めず	60	60	35
2012	特に定めず	48	48	30

※出願資格などは必ず募集要項や学校のホームページをご確認ください。

2014 年度大学合格実績

国公立大	合格者数	私立大	合格者数
京都大学	1名	早稲田大学	24名
一橋大学	1名	慶應義塾大学	17名
東北大学	1名	上智大学	21名
筑波大学	1名	東京理科大学	31名
千葉大学	9名	明治大学	57名

※大学合格実績は全卒業生のもので、帰国生のみの実績ではありません。

海外の学習体験談や
海外各都市の塾情報など、
海外での学習に役立つような
情報を発信します！

海外生&帰国

海外でがんばる先生 in 蘇州

現在海外の学習塾で勉強を教えている先生も、海外赴任当初は不安がありました。今回は、教育者の視点からみた、海外の子供たちの様子や、自身の家庭での教育方針など、海外での教育や生活にまつわる話を伺いました。

徳江《とくえ》　綾子《あやこ》先生

5年間早稲田アカデミーで勤務した後、提携塾で海外に校舎を展開する「ウイング」で勤務。半年間台北にある校舎での指導経験の後、現在蘇州校で勤務。小・中学生の文系科目（国語・英語）を中心に現在指導をしている。

蘇州ってどんなところ?

■都市名：蘇州市
（中華人民共和国江蘇省）
■公用語：中国語
■人口：約540万人
■気候：湿度が高い亜熱帯モンスーン海洋性気候に属し、四季の変化に富んでいる。

江蘇省東南部に位置する地級市「天に極楽、地に蘇州と杭州あり」といわれる景勝の地。市内には水路が縦横に走り「東洋のベニス」と言われている。上海に隣接することもあり、省の経済的中心でもある。

■海外の教育現場で仕事がしたい―。

早稲田アカデミーで勤務して５年。その間にも帰国子女や海外の教育について興味があった徳江先生。チャンスがあれば海外の教育現場で経験を積みたいと考える中、提携している海外学習塾への赴任の話があり、海外での生徒指導に挑戦することを決意しました。最初に赴任した台湾は「旅行に行く場所」というイメージしかなかったけれど、実際に住み始めると居心地がよく、台湾での生活がどんどん好きになっていったそうです。台湾では日本語も英語も通じるので、生活上も言葉に不自由はありませんでしたが、半年後に蘇州校への異動が決定。中国ではYESやNOですら通じないことも。中国に来てから中国語の勉強を始め、今では日常会話レベルまで上達し、中国での生活も満喫されているそうです。

蘇州では、日本人でも日本に住んだことがなかったり、日本人学校に通っていても日本の知識が少なかったりする生徒がいるとのこと。「海外という環境だからできることですが、日本の文化を知る大人として、日本にいれば当たり前に接することのできるような知識も丁寧に子供たちに教えていきたいと思っています。」

■生徒自身が純粋に学びを楽しみ、知識をどんどん吸収しようと熱心なところが、ここ蘇州の子供たちの良いところです。

ウイング蘇州校には、日本での受験のためにたくさんの生徒が通っています。勉強に対する意識が高く、学ぶことを楽しんでいるのが、こちらの生徒の特長だそうです。新しい知識をどんどん吸収しようという熱心な生徒が多く、それに応えるように毎回熱意溢れる授業が展開されています。授業は１クラス多くて15人程。所属する生徒はほとんどが日本人学校の生徒のため、学校のスケジュールに完全に合わせられたり、生徒の学習レベルに合わせてカリキュラムをカスタマイズできるところが、日本の塾と違うところだそうです。

「ウイング蘇州校で気を付けているのはご家庭とのコミュニケーションです。」と、徳江先生。保護者が、少なくとも月１回は校舎に足を運ぶそうで、来訪した保護者とは必ず話をするようにし、信頼関係の構築をまず大切にしているようです。

■自分でじっくり考えて判断し、行動できる大人になってほしい。

「生徒たちはこれから、バックグラウンドや価値観の異なるたくさんの人々と出会ったり、様々な情報に囲まれた中で自分自身の道を選択していくことになるでしょう。その時に、自分自身でじっくり考えて判断し、行動できるようになってほしい。日本にいると、海外に出ることは少し勇気がいることかもしれません。しかし、こちらの生徒はすでに海外で暮らした経験があり、日本に戻ることになっても、彼らが世界に踏み出すことは比較的容易なように思います。海外にいた経験をぜひプラスに捉え、日本に戻ってからも、今度は日本にいる人たちとお互いを高め合いながら、未来を切り開いていってほしい。彼らが世界を繋ぐ架け橋になってくれたらと願っています。」―徳江先生が早稲田アカデミーで培ったのは高い指導力だけでなく「生徒への熱い気持ち」かもしれません。海外の子供達に想いを伝えながら、今日も指導に邁進しています。

【徳江先生からのアドバイス】

ここには、落ち着いて勉強できる環境があります。日本での受験指導に長年携わってきたスタッフが、全力でお子様をサポートします。海外に出るから受験をどうしようと不安にならずに、ぜひ安心してお越しください。

ウイング 蘇州校

【対象・設置クラス】
●小学生コース：小1～小6　●中学生コース：中1～中3

帰国入試を踏まえた受験指導から、私立・国立・公立への一般入試受験指導にも精通した講師陣が指導にあたっています。編入試験にも対応可能で、急な帰国に対してもサポートします。蘇州のほかに、台湾（２校舎）・上海（２校舎）・深圳・ハノイなどアジア各都市に校舎を展開しています。

【電話】+86-(0)512-6878-7880
【メール】nnwa.suzhou@eocs.com.tw　【URL】www.wingtw.com/wing
【住所】蘇州新区獅山路277號 名城花園67幢207
※お問い合わせは直接上記、または早稲田アカデミーホームページまで

サクセス研究所

毎日の暮らしで大活躍の氷

暑い季節、ジュースやお茶を
美味しく飲むために欠かすことができない氷には、
不思議な性質がたくさんあります。
今回は、そんな氷の世界をのぞいてみましょう。

氷について教えてくれたのは、株式会社ニチレイの氷博士、石井寛崇《ひろたか》さんです。石井さんは、冷凍食品の新たな可能性を探るため、氷の結晶の大きさをコントロールする研究をされています。

どうして家でつくる氷は白くなるの？

お店で売っている氷は透明できれいなのに、家でつくるとなぜ白くなるんだろう、と不思議に思ったことはありませんか？この色の違いは、家庭とお店で水を凍らせる方法が異なるために生じるのです。通常、家庭用の冷凍室は、マイナス18℃以下に設定されています。その過程で、水に含まれている空気やミネラルは、容器の真ん中に集められていき、氷の中に閉じ込められてしまいます。この真ん中に閉じ込められた空気などが、氷を白く見せている正体なのです。一方、お店で売っている氷は、水に溶けこんでいた空気やミネラルが氷の中に閉じ込められないように、水を動かしながらつくられています。そのため、白くならずに透明な氷ができるのです。

水の重さ

氷はどうして水に浮くの？

水は0℃になると凍りはじめ、氷になるとその体積はおよそ1.1倍になります。たとえば、300mlの水が入った透明なプラスチックカップを用意して、水面の高さに線を引きます。その水を凍らせると、体積が増えていることがひと目でわかると思います。これは、水が氷になると、すきまの多い構造に変わるからです。そのため、同じ体積で比べると、氷は水よりも軽くなり、水に入れると浮くのです。ほとんどの物質は、液体から固体になると体積は減ります。固体になると体積が増える水のこの性質は、とても珍しいのです。

300mlの水を凍らせてつくった氷

氷のバリアが魚を守っています

気温が0℃を下回るの寒い地域の湖でも、氷がはっているのは水面だけで、なかまでは凍っていません。これは、水面にはった氷が、外からの冷気をやわらげる働きをして、水中が凍るのを防いでいるからです。もしも氷が水よりも重かったら、湖の底まで凍ってしまい、魚たちは生きていけないでしょう。

冷凍食品と温度

冷凍食品は、食品の中に含まれている水分を凍らせることで作られています。冷凍食品を美味しく食べるポイントは、温度です。保存温度をマイナス18℃以下にすることで、食品が劣化するいちばんの原因である微生物の活動をおさえることができます。そのため家庭の冷凍室は、通常マイナス18℃以下に設定されています。だから冷凍食品は、保存料を使わなくても長期間の保存ができるのです。また、冷凍することで品質変化が少なくなり、栄養素や素材の味を保つことが可能になります。しかし、冷凍室を開け閉めする回数が多いと、冷凍室内の温度が上がってしまい、味や風味が落ちたり、食感が変わってしまうことがあるので注意が必要です。美味しく味わうためには、冷凍室を必要以上に開け閉めせず、買ってから2～3か月ほどで食べきるようにしてください。

石井さんに聞いたQ&A

Q 氷を触ると指にくっつくのはどうして？

A 人の体は温かいので、氷を直接指で触ると表面が溶けて水になります。しかし、中心は冷たいままなので、とけた表面の水もまたすぐに凍っていきます。そのため、水が氷になるときに、指も一緒にくっついてしまうのです。指に汗をかいている場合も、同じことが起こります。もし指が氷にくっついてしまったら、絶対に無理にはがさないでください。無理にはがそうとするとケガをしてしまうおそれがあります。その場合は慌てずに、くっついた部分に水をかけて、氷をとかしてとってください。

Q ジュースやお茶を凍らせると、真ん中に色が集まるのはどうして？

A 飲み物をペットボトルに入れて冷やしていくと、冷気のあたる外側から凍りはじめます。水は砂糖や果汁などの不純物を押しのけながら凍る性質があるので、内側に不純物が集められていくのです。そしてとけるときも、砂糖などの不純物が多い部分からです。凍らせたジュースを飲むと、最初は甘く、だんだん薄くなっていくのはこのためです。

氷の不思議については、株式会社ニチレイのホームページでも詳しく紹介されています。
興味のある人は、ぜひ訪れてみてください！

ニチレイ　検索

ニチレイロジグループのキャラクター
レイちゃんとロジロジくん

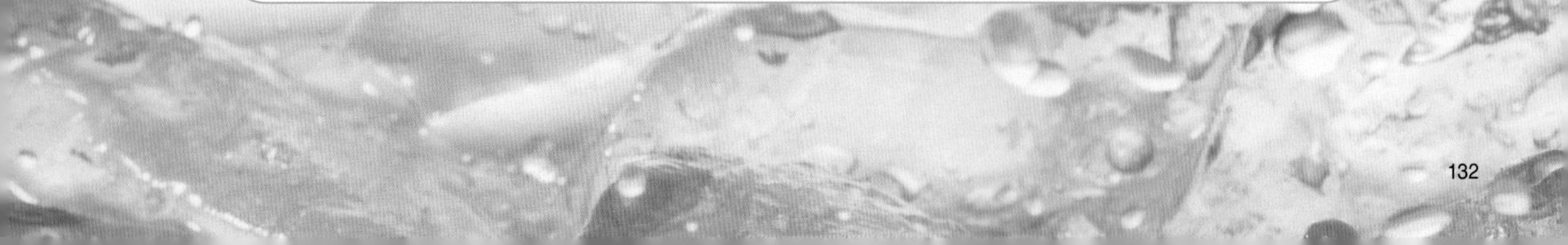

ぱぱまま掲示板

ここは、子育ての悩み相談や、ママ必見のレシピ紹介、
日々のちょっとした出来事など、
小学生のお子様を持つ、パパ・ママのための
意見交換の場です。
みなさまからの投稿おまちしています!

サクセス12の読者が作る「ぱぱまま掲示板」。
みなさまからいただいた投稿・アンケートをもとにしてお届けいたします。

お弁当を作るときに意識していることは?

全体の色合いが明るくなるように。
冷めてもおいしいもの。
栄養のバランス。
短い時間でも食べられるもの。
子どもが好きなものを中心に。

お弁当の人気おかずランキング

1位 から揚げ
2位 アスパラベーコン　3位 卵焼き
その他／チーズの肉巻・ミートボールと卵の串刺し・梅干のおにぎり　など

やはり一番人気はから揚げ!味つけも家庭によっていろいろなバリエーションがありますね。

学校選びの基準ランキング

1位 雰囲気
2位 通学時間　2位 施設
4位 偏差値　5位 大学合格実績

学校の雰囲気は直接学校へ行ってみないとわからないもの。文化祭や体育祭、説明会には積極的に足を運んでみましょう。

簡単メニュー

今夜の副菜メニューはこれに決まり!

トマトとツナのサラダ

【材料】(4人分)
トマト…2個
玉ねぎ…中1/2
ツナ缶…1缶
マヨネーズ…大さじ3
Ⓐ お酢…大さじ3
　オリーブオイル…大さじ3
　塩…小さじ1/2

【作り方】
① トマトは皮をむいて4等分にし、玉ねぎはみじん切りにする
② 玉ねぎとツナをマヨネーズであえる
③ ②をトマトに挟む
④ Ⓐのドレッシングをかける

酸味のあるドレッシングがトマトによく合う!

おすすめの花火大会

熱海の花火大会。温泉の形をした花火や文字が出てくるのがおもしろい。(神奈川県・めめ♪さんより)
編集部より●温泉の形がでるのは珍しい!ぜひ来年、見に行きたいです。

長野県諏訪市の花火大会と岐阜県関市の「チンチカカ(精霊送り)」という行事がおすすめです。(千葉県・益田四郎時貞さんより)
編集部より●諏訪市の花火大会は有名ですよね。岐阜県の花火大会はお盆の伝統行事だとか・・・

群馬県にある老神(おいがみ)温泉花火大会がおすすめです。間近で打ち上げられた花火が山間にこだまして、まるで花火が降ってくるような感覚を味わえます。(東京都・男子さんより)
編集部より●東京ではなかなか味わえない花火大会ですね。気になります。

千葉県館山市の花火大会。横浜から日本丸という船が出港するので申込みましたが、キャンセル待ち60人以上・・・(埼玉県・女子ママさんより)
編集部より●船上で見る花火いいですね。キャンセルは出たのでしょうか・・・

留学について

留学についてはどのご家庭でも賛成の様子。語学を学ぶだけでなく、海外でいろいろな経験を積むことで、1回りも2回りも大きくなってほしいというお子様への思いが伝わってきました。

賛成の理由

★日本の価値観や常識が必ずしも世界では通用しないということを身をもって体験して欲しいから。(千葉県・旅人さんより)
★社会に出たら国際的な感覚や語学力は必要になってくるから。(神奈川県・男子ママさんより)
★たくさんの国を見て、その国の人たちと交流することで文化を理解してほしい。(神奈川県・ウッキーパパさんより)
★留学することでコミュニケーション能力が上がると思うから。(東京都・くつ下さんより)
★本人が熱い志を持って1人異国の地へ出発するのであれば、様々な困難も乗り越えられる気がするから。(東京都・あずきさんより)
★いろいろな経験をさせてあげたいから。(神奈川県・男子ママさんより)
★若いうちに世界に目を向けることで、その後の人生にいろいろな良い影響が出てくると思うから。(東京都・男子ママさんより)

今月号のテーマ

今月号のテーマは4つ!1枚めくったFAX送信用紙にテーマを記入して、FAXもしくは封書・メールにて送ってください。

投稿大募集!

❶ お小遣い
お子様には月にどのくらいお小遣いをあげていますか?また、その使い道も教えてください。

❷ 受験について
中学受験を考え始めたのはいつくらいからですか?また、なぜ受験をしようと思ったのか教えてください。

❸ おすすめの本
今まで読んだ本の中で面白かったものを紹介してください。本のタイトルと著者名、おすすめの理由も教えてください。

❹ レシピ紹介
秋と言えば食欲の秋。秋の味覚を使ったおすすめのレシピをご紹介ください。材料や分量も併せて教えてください。

クイズ

クイズに答えてプレゼントをもらっちゃおう!

下の①～④の□に漢字をあてはめて、四字熟語を完成させましょう。
□の中の漢字を並べ変えるとある歴史上の人物名になります。その歴史上の人物とは誰でしょう。

① □刀両断　② 汚名□上

③ 十人□色　④ □死一生

→ □□舎□□

ヒント：「東海道中膝栗毛」の作者。

● 7・8月号正解／先手必勝

プレゼント

正解者の中から抽選で以下の商品をプレゼント!!

文具セット 20名様

新学期は新しい文具で気持ち良くスタート！
定番の文具をセットにして20名様にプレゼント！

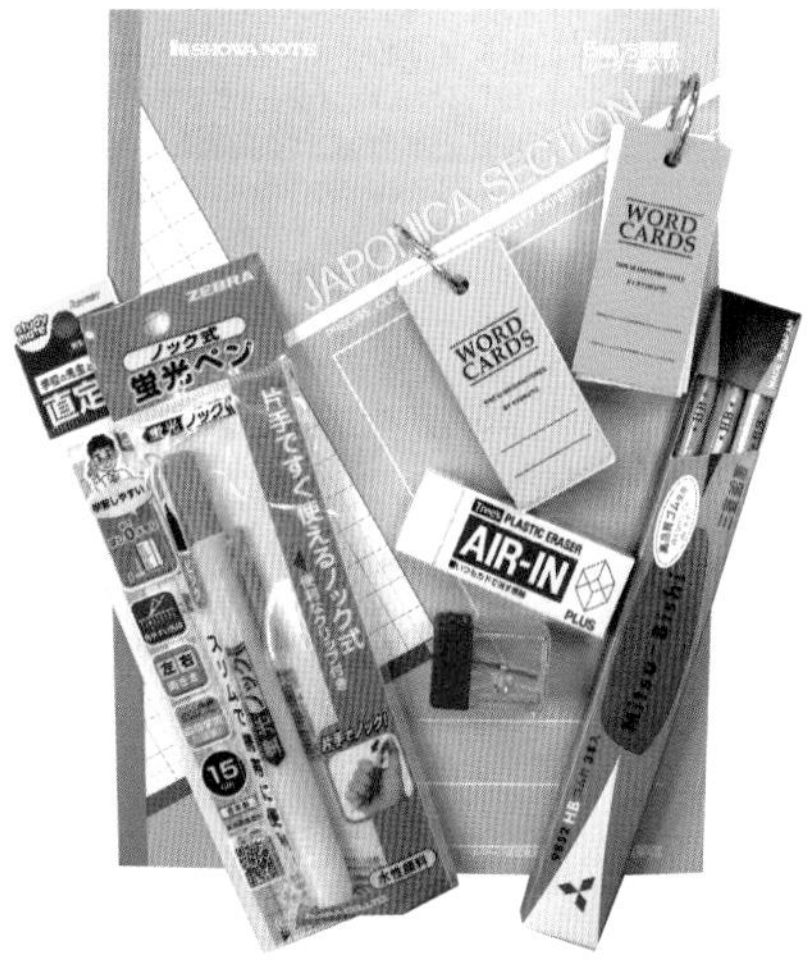

商品問い合わせ先：池袋ロフト12階文具売場　TEL.03-5960-6210（代表）
※写真はイメージです。実物とは異なる場合があります。

応募方法

● FAX送信用紙で
裏面にあるFAX送信用紙に必要事項をご記入のうえ下記FAX番号にお送りください。

FAX.03-3590-3901

● メールで

success12@g-ap.com

● バーコードリーダーで
携帯電話・スマートフォンで右の画像を読み取り、メールすることもできます。

● ハガキ・封書で
クイズの答えと、住所、電話番号、氏名、お通いの塾・校舎などをご記入いただき、下記宛先までお送りください。また、裏面のFAX送信用紙に記載されているアンケートにもお答えください。
今月号のテーマへの投稿、サクセス12への感想もお待ちしています。

宛先／〒171-0014　東京都豊島区池袋2-53-7
早稲田アカデミー本社広告宣伝部
『サクセス12』編集室

【応募〆切】
2014年9月30日（火）
当選者の発表は、プレゼントの発送をもってかえさせていただきます。

サクセス12　9・10月号　vol.50

編集長
喜多　利文

編集スタッフ
廣瀬　かおり
岡　清美
太田　淳
生沼　徹

企画・編集・制作
株式会社 早稲田アカデミー
サクセス12編集室（早稲田アカデミー 内）
〒171-0014 東京都豊島区池袋2-53-7

編集後記

長く暑かった夏が終わり、季節は秋へ。小6受験生にとっては勝負の秋となるはずです。合不合判定テスト・統一合判・志望校別判定テスト…、さまざまなテストで志望校に対する合格可能性が示されます。時には思うような結果が得られないこともあるかと思います。しかし、その判定は、テスト受験時における実力が反映されただけのものです。そこで明らかになった自分の弱点を克服し、合格へ一歩ずつ近づいていきましょう。

FAX送信用紙

※封書でお送りいただく場合もご使用ください。

クイズの答え

□□舎□□

氏名（保護者様）

（ペンネーム　　　　　　　　　　　）

氏名（お子様）

（ペンネーム　　　　　　　　　　　）

学年

現在、塾に

通っている　・　通っていない

通っている場合

塾名

（校舎名　　　　　　　　　）

住所（〒　　　-　　　　）

電話番号

（　　　　）

面白かった記事には○を、つまらなかった記事には×をそれぞれ3つずつ（　　）内にいれてください。

募集中

テーマ（　　　　　　　　　　　　）　134ページよりお選びください。

FAX.03-3590-3901

FAX番号をお間違えのないようお確かめください

サクセス12の感想

中学受験　サクセス12　9・10月号2014

発行／2014年8月28日 初版第一刷発行　発行所／（株）グローバル教育出版 〒101-0047 東京都千代田区内神田2-4-2　編集／サクセス編集室 電話03-5939-7928 FAX03-5939-6014